再 荒 诞 的 问 题 都 能

有 一 个 科 学 的 答 案

THE WHERE, THE WHY, AND THE HOW

75 Artists Illustrate Wondrous
Mysteries of Science

75位艺术家图解神奇的科学奥秘

[美] 珍妮·沃尔沃斯基　[美] 朱莉娅·罗思曼　[美] 马特·拉莫特◎著

[美] 大卫·麦考利◎序

于娟娟◎译

Jenny Volvovski

Julia Rothman

Matt Lamothe

中信出版集团 · 北京

图书在版编目（CIP）数据

再荒诞的问题都能有一个科学的答案：75 位艺术家
图解神奇的科学奥秘 /（美）珍妮·沃尔沃斯基等著；
于娟娟译. -- 北京：中信出版社，2017.8
书名原文：THE WHERE, THE WHY, AND THE HOW: 75
ARTISTS ILLUSTRATE WONDROUS MYSTERIES OF SCIENCE
ISBN 978-7-5086-7839-9

I.①再… II.①珍… ②于… III.①科学知识 – 普
及读物 IV.①Z228

中国版本图书馆 CIP 数据核字（2017）第 159864 号

再荒诞的问题都能有一个科学的答案：75 位艺术家图解神奇的科学奥秘

著　　者：[美] 珍妮·沃尔沃斯基　[美] 朱莉娅·罗思曼　[美] 马特·拉莫特
译　　者：于娟娟
出版发行：中信出版集团股份有限公司
　　　　　（北京市朝阳区惠新东街甲 4 号富盛大厦 2 座　邮编　100029）
承 印 者：北京盛通印刷股份有限公司

开　　本：787mm×1092mm　1/16　　　印　　张：10　　　字　　数：120 千字
版　　次：2017 年 8 月第 1 版　　　　印　　次：2017 年 8 月第 1 次印刷
京权图字：01-2013-6213　　　　　　广告经营许可证：京朝工商广字第 8087 号
书　　号：ISBN 978-7-5086-7839-9
定　　价：68.00 元

图书策划 ‖‖ 见识城邦
策划编辑 肖　雪　　　　　责任编辑 肖　雪
营销编辑 王睿里　　　　　责任印制 刘新蓉

版权所有·侵权必究
如有印刷、装订问题，本公司负责调换。
服务热线：400-600-8099
投稿邮箱：author@citicpub.com

但我并非一定要知道答案。对于某些事情一无所知，漫无目的地在神秘的宇宙中徜徉，并不会使我感到害怕——我想这才是世界真正的意义。这并不会使我感到害怕。

——理查德·费曼

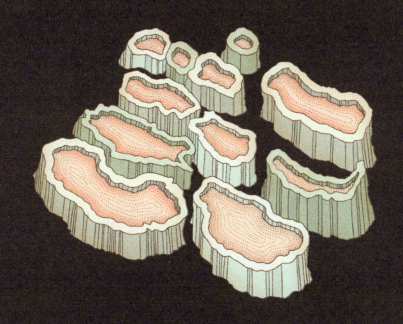

目 录

前　言　卡纳莱托在科学与艺术的交叉点换灯泡　IV

简　介　VI

问题 **1**　大爆炸之前是什么？　002

问题 **2**　什么是暗物质？　004

问题 **3**　什么是暗能量？　006

问题 **4**　万有引力是怎样产生的？　008

问题 **5**　物质能逃离黑洞吗？　010

问题 **6**　什么是"上帝粒子"？　012

问题 **7**　什么是反物质？　014

问题 **8**　是否存在三维以上的维度？　016

问题 **9**　接近光速时会发生什么？　018

问题 **10**　星星是怎样诞生和死亡的？　020

问题 **11**　月球的起源是什么？　022

问题 **12**　是什么触发了地磁倒转？　024

问题 **13**　地球背景噪声是什么？　026

问题 **14**　是什么引起了板块运动？　028

问题 **15**　地震可以预测吗？　030

问题 **16**　地球上的水来自哪里？　032

问题 **17**　气候变化是否会导致洋流变化？　034

问题 **18**　真的存在超级巨浪吗？　036

问题 **19**　水的结构是什么样的？　038

问题 **20**　云里的水为什么不会冻结？　040

问题 **21**　为什么每一片雪花都独一无二？　042

问题 **22**　龙卷风是怎样形成的？　044

问题 **23**　这个世界为什么是绿色的？　046

问题 **24**　可以通过进化来克服气候变化吗？　048

问题 **25**　生命来自哪里？　050

问题 **26**　怎样才能知道恐龙吃什么？　052

问题 **27**　冰河时代产生的原因是什么？　054

问题 **28**　黑猩猩化石在哪里？　056

问题 **29**　尼安德特人灭绝的原因是什么？　058

问题 **30**　怎样解释物种多样性的纬度分布格局？　060

问题 **31**　是什么决定了灵长类动物社会群体的规模？　062

问题 **32**　灵长类动物为什么要摄入植物类固醇？　064

问题 **33**　我们为什么会变老？　066

问题 **34**　什么是生物钟？　068

问题 **35**　我们为什么要睡觉？　070

问题 **36**　我们为什么会做梦？　072

问题 **37**　我们为什么会打哈欠？　074

问题 **38**　我们为什么会打嗝？　076

问题 **39** 我们为什么会脸红？ 078

问题 **40** 引起抑郁症的原因是什么？ 080

问题 **41** 出现自闭症的原因是什么？ 082

问题 **42** 安慰剂为何会产生效果？ 084

问题 **43** 是什么引起了青春期发育？ 086

问题 **44** 人类会利用信息素吗？ 088

问题 **45** 性取向是天生的吗？ 090

问题 **46** 我们为什么会有阑尾？ 092

问题 **47** 我们为什么会有指纹？ 094

问题 **48** 人类为何具有学习语言的能力？ 096

问题 **49** 树木会彼此交谈吗？ 098

问题 **50** 树木可以活多久？ 100

问题 **51** 为什么有些植物吃动物？ 102

问题 **52** 是否存在永生不死的生物？ 104

问题 **53** 为什么有些水下生物会发光？ 106

问题 **54** 为什么鲸鱼会在海滩上搁浅？ 108

问题 **55** 迁徙性动物怎样找到回家的路？ 110

问题 **56** 动物冬眠期间肌肉为什么不会萎缩？ 112

问题 **57** 鲸鱼为什么会唱歌？ 114

问题 **58** 山雀怎样理解彼此的鸣叫？ 116

问题 **59** 鸽子行走时为什么会摆动头部？ 118

问题 **60** 松鼠能记住自己把坚果埋在哪里吗？ 120

问题 **61** 猫为什么会打呼噜？ 122

问题 **62** 蜜蜂的舞蹈在说些什么？ 124

问题 **63** 人类与蚂蚁为何有这么多共同点？ 126

问题 **64** 寄生生物能在多大程度上改变宿主的社会习惯？ 128

问题 **65** 下一次大规模传染病来自何处？ 130

问题 **66** 人类的行为有多少是先天决定的？ 132

问题 **67** 大脑怎样产生思想？ 134

问题 **68** 我们为何会落入视觉错觉的圈套？ 136

问题 **69** 人类的大脑有多灵活？ 138

问题 **70** 为什么人类与黑猩猩的DNA高度一致，两者却完全不同？ 140

问题 **71** 为什么人类会有这么多基因"垃圾"？ 142

问题 **72** 成熟的细胞怎样才能"重生"？ 144

问题 **73** 细胞怎样彼此交流？ 146

问题 **74** 为什么癌症从生物学角度看概率很小，实际却相当常见？ 148

问题 **75** 纳米材料会带来危险吗？ 150

致 谢 152

卡纳莱托在科学与艺术的交叉点换灯泡

大卫·麦考利（David Macaulay）

卡纳莱托（Canaletto）是 17 世纪威尼斯的一位画家。与同时代很多人一样，他经常使用一种称为暗箱的设备，用于形成细节丰富的图像。暗箱是一个黑暗的空间（可以是房间、帐篷、木盒子），侧面带有一个小孔。风景反射的光线穿过小孔，形成上下颠倒的影响并投射在对面的墙上或屏幕上。

如下图所示，这种可追溯到几个世纪以前的古老光学仪器，在除了艺术之外的其他领域中也非常有用。

简 介

如今，丰富的信息已经把我们宠坏了。我们随身携带大小可以装进口袋的电子产品，里面包含了人类几乎所有的知识。如果你想了解任何事情，只需使用谷歌搜索。

最近有一次开车时，不知为何大家开始讨论鸡蛋为什么是那种形状。我们一起就这个话题争辩了几分钟，每个人都在大喊大叫，讨论鸡蛋的形状是否存在进化上的目的。有人用手机查询维基百科，只花了几分钟时间就迅速揭开谜底。车里的人静静听着答案被念出来。真棒！

我们都学到了一些新的知识，但既然有人给出答案，讨论也就结束了。大家都点头表示同意，继续聊天。当3G网络横空出世之后，我们反而失去了最大的乐趣——思考的过程、有趣的猜测。

幸运的是，这世上还有一些奥秘，仅仅凭点击几下鼠标也不能得到全面的解释。在本书中，我们希望能够唤回信息时代中已经消失的未知感。虽然科学家们已经取得大量研究成果，但其中很多仍然是纯理论的，有时候还存在多种互相矛盾的理论。本书中汇集了50多位科学家，从人类学家到物理学家，研究方向从病毒到地核。这些科学家欣然同意加入本项目，针对一些悬而未决的问题，解释其背后的理论。

本书中很多灵感来自古老的科学图表，以及从科学刚刚萌芽的久远时代流传至今的图画。有日本江户时代美丽到令人难以置信的错误解剖图，有20世纪50年代教室里详细描绘血细胞结构的精彩挂图。这些独一无二的视觉作品，试图传达出对自然现象的某种理解。

我们邀请了75位艺术家，请他们根据科学家提出的问题绘出科学图表。由于这些问题仍属于未解的奥秘，艺术家们可以融入自己对这些问题的探索。我们选择了擅长创作信息化艺术作品的艺术家，包括著名的和崭露头角的插画家、漫画家、美术家、设计师。我们仔细斟酌艺术家与科学问题之间的搭配，努力让每一位艺术家拿到最适合其风格的问题，无论需要描绘的是暗物质还是一只打呼噜的猫。

我们希望，阅读本书时你能够学到一些有趣的知识，也能享受深入思考这些奥秘的过程。请记住，在直接上网快速搜索之前，你应该给自己留下一些思考的时间。

撰文：

珍妮·沃尔沃斯基（Jenny Volvovski）

朱莉娅·罗思曼（Julia Rothman）

马特·拉莫特（Matt Lamothe）

再荒诞的问题都能有一个科学的答案

75 位 艺 术 家 图 解 神 奇 的 科 学 奥 秘

THE WHERE, THE WHY, AND THE HOW

75 Artists Illustrate Wondrous
Mysteries of Science

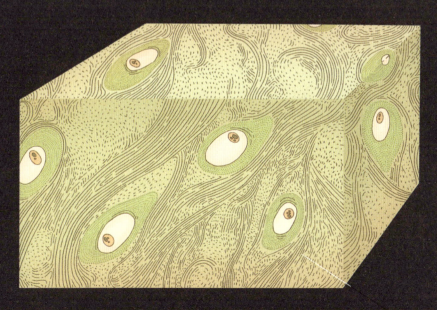

圆形的蛋容易滚远。而不对称椭
圆形的蛋，绕了一圈又会回到原
处，不容易滚出巢外丢失。在巢

问题 1

大爆炸之前是什么？

目前，科学界把宇宙的起源，也就是物理定律仍然适用的最久远的过去，称为"宇宙大爆炸"，这一简称意外地有点用词不当。现有证据表明，广袤无垠的宇宙空间以及所有可见的星系和恒星，最初都起源于一团炽热致密的气体，它的体积比豌豆还要小得多，远远称不上"大"。一些宇宙学家，仿佛是为了炫耀自己多么熟悉这些与日常生活相去甚远的事情，声称宇宙的起源只不过是一次"爆炸"。在广义相对论中，科学家们研究爱因斯坦1916年相对论的物理推论，拿着粉笔在黑板底部画了一条水平线，说：这就是一切开始的奇点[①]。

我们现在生活的宇宙，始于大约140亿年前，那时候，我们如今所看到的一切，都被压缩成一个密度和压力非常大的等离子体，温度比恒星核心的温度还要高。我们观测得到宇宙中元素的构成，尤其是氦元素含量，正是宇宙最初几秒钟存在状态的最佳佐证。

"宇宙起源"后最初几秒钟的另一项证据，是宇宙微波背景辐射在太空中分布的平滑性和均匀性。爱因斯坦的广义相对论，把空间－时间与质量－能量深入联系到一起。在一定意义上，物质能够创造自身膨胀的空间，也能生成膨胀所需的时间。宇宙诞生时处于低熵的状态，为时间画下了前进的方向，为宇宙演化带来了巨大的推动力。为了理解这一点，让我们想象另一个宇宙，在诞生时处于高熵状态——把这个宇宙想象成一个大盒子，里面均衡分布着不冷不热的均匀气体。在日复一日的观察中，盒子里的气体分子四处反弹，但均匀气体这一整体情况保持不变，盒子里任意位置的整体温度或气体分布也不会产生变化。而低熵状态就好像一个空盒子（真空），只在空盒子的角落里有个由炽热气体构成的小球。这种情况很不稳定，炽热气体的小球会迅速膨胀，填满整个盒子的体积，同时冷却下来。把早期宇宙比喻成大爆炸与此类似，不同之处在于，宇宙开始膨胀的时候，并没有"空盒子"——在宇宙发展的过程中，宇宙的质量－能量创造出膨胀的空间－时间。

在我们的时代之前，是否存在着一个宇宙诞生的时代？物理定律，时空维度，自然的力，基本粒子的强度、类型和不对称性，以及生命的潜力，是必然如同我们观察到的一样，还是在更早或更晚的时代存在着一个分支的多元宇宙，其中满是难以想象的奇异领域？我们不得而知。

撰文：

布莱恩·颜尼博士（Brian Yanny PhD）

费米国立加速器实验室，研究员

绘图：

乔希·科克伦（Josh Cochran）

www.joshcochran.net

---

① 在大爆炸宇宙论中，奇点是指"大爆炸"的起始点，而后膨胀形成宇宙（时间－空间），一切已知的物理定律均在奇点失效。另，文中脚注如无特殊说明，均为译者注。

问题 **2**

什么是暗物质？

　　天文学家可以用很多不同的方法估算出星系的质量。我们可以通过望远镜观察来自星系的光线，计算出相应星系的质量，也可以测量位于星系边缘的恒星的速度，恒星运行得越快，被束缚在星系中所需的引力越大。

　　不幸的是，通过这两种方法计算出的星系质量并不相同。星系边缘的恒星运行速度如此之快，如果仅仅考虑恒星和气体的质量，完全无法解释恒星为什么仍然作为星系的一部分。通过仔细观察，我们现在认识到，仅仅考虑尘埃、行星和黑洞，并不能充分解释星系中为何存在这些高速运行的恒星。为了解释把恒星束缚在星系中的引力，人们推论，星系中必然存在更多的质量，也就是暗物质。

　　来自早期宇宙的光线说明，暗物质与构成我们自己、地球、太阳的粒子类型完全不同。暗物质是否属于一种全新的粒子？一定规模的对比十分惊人：宇宙中绝大多数无法解释的巨大质量，也许都可以通过这种尚未探测到的、无穷小的亚原子粒子①来解释。目前，卫星、实验室、直线对撞机都在积极寻找暗物质粒子。

撰文：

凯蒂·理查森（Katie Richardson）

美国新墨西哥大学，博士研究生

绘图：

贝特西·沃尔顿（Betsy Walton）

www.morningcraft.com

---

　　① 亚原子粒子是指结构比原子更小的粒子，例如电子、中子、质子、介子、夸克、胶子、光子等等。

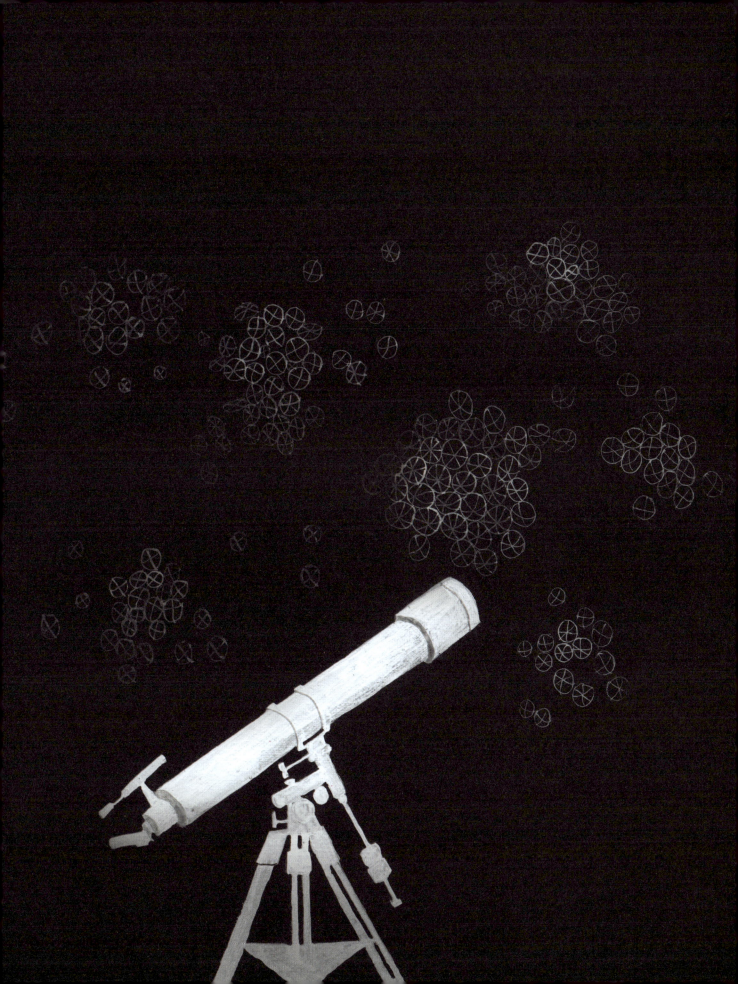

问题 3
什么是暗能量？

1998 年，来自超新星的最新数据表明，宇宙不仅在膨胀，而且膨胀的速度变得越来越快，天体物理学家们对此感到震惊。在此之前，人们普遍认为，宇宙中普通物质和暗物质的引力，会导致宇宙膨胀的速度减缓。为了解释这种加速膨胀的现象，科学家们在宇宙状态方程中加入了一个压强为负的部分，称为"暗能量"。

最近，人们研究了超过 20 万个星系，似乎也证实了这种神秘能量的存在。虽然据估计宇宙中约 73％ 的部分由暗能量构成，但其背后的物理学原理仍然是个谜。最简单的解释是"宇宙常数①"，认为暗能量是均匀分布在宇宙中内在、根本的能量。另一些模型，比如"精质（Quintessence）模型"，认为暗能量更加动态，可以随时间和空间变化。但两种模式也存在一致之处，都认为暗能量密度不大，只会与引力互相作用——这两种特性导致暗能量很难在实验室中探测到。

撰文：

迈克尔·雷顿博士（Michael Leyton PhD）

欧洲核子研究组织，研究员

绘图：

本·芬纳（Ben Finer）

www.benfiner.com

---

① 宇宙常数，是爱因斯坦为了解决静态宇宙的稳定性问题，而在引力场方程中引入的一个反引力的比例常数，发现宇宙膨胀的事实后，爱因斯坦放弃了宇宙常数。如今，科学家们认为宇宙常数可能有新的物理意义，代表的是暗能量和暗物质。

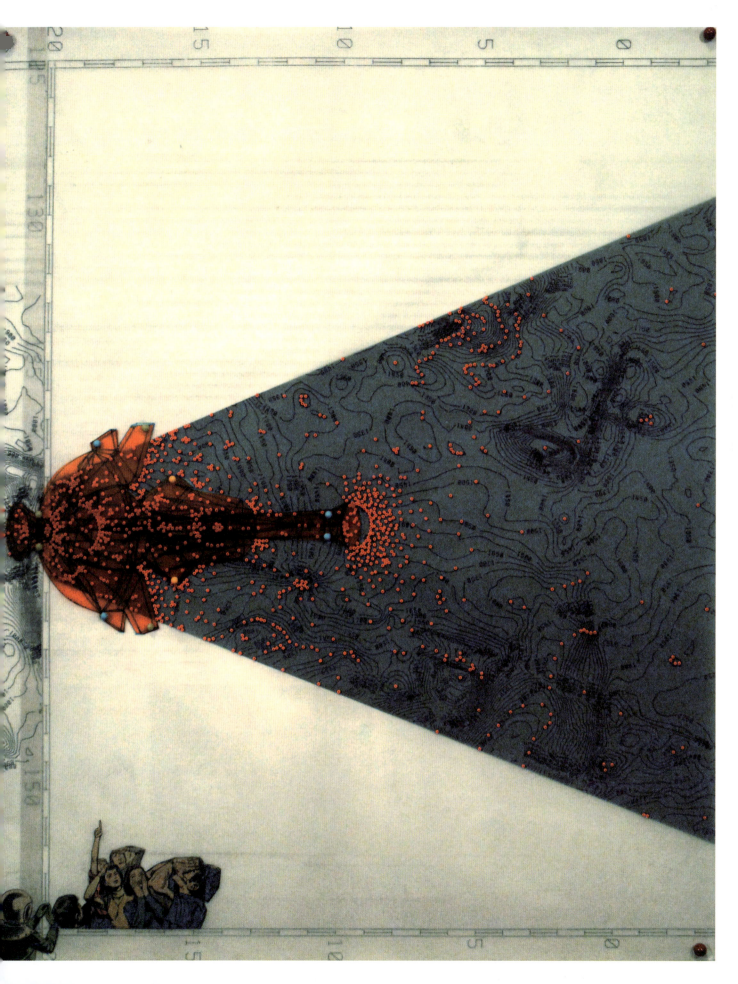

问题 **4**

万有引力是怎样产生的？

　　17 世纪时，万有引力就像苹果落在艾萨克·牛顿（Isaac Newton）头上一样简单。在地球上，牛顿的万有引力定律能够给出完美的解释。牛顿在绝对空间中应用这一理论，根据万有引力随着物质与大质量天体之间距离而变化的简单定律，把相关分析扩展到太空中。牛顿定律成功地预测了行星和其他天体的运动，但随着对太阳系的了解越来越多，我们发现这种理论也存在一些问题。例如，水星围绕太阳运转的轨道出现的偏差，令物理学家们烦恼不已。直到爱因斯坦于 1916 年提出广义相对论，才终于对水星神秘的、无法预测的运动方式做出了解释。虽然只出现微小的偏差，但广义相对论的解释与牛顿万有引力定律截然不同：物质的存在会使空间本身产生弯曲，空间弯曲意味着我们不得不重新思考宇宙结构的性质。

　　而且，这还不是全部。我们知道，广义相对论并不是最终的答案，因为我们仍然无法把万有引力与物理学中其他定律整合到一起，形成一种可以解释一切问题的综合理论。最新出现的一些相对较新的概念，比如暗物质和暗能量（用于解释宇宙的膨胀，以及恒星以意想不到的方式围绕星系中心旋转），也许意味着，我们对于树上落下的苹果，有必要改变最初简单的理解。

撰文：

特里·玛蒂尔斯凯博士（Terry Matilsky PhD）

美国罗格斯大学，物理学和天文学教授

绘图：

www.theheadsofstate.com 网站

问题 **5**

物质能逃离黑洞吗?

　　如果把太阳压缩到一个直径几千米的圆球中,它将具有十分强大的引力,落入其临界半径内的任何物质都永远无法逃离。这就是黑洞。爱因斯坦广义相对论的经典理论预言了这种现象的存在,苏布拉马尼扬·钱德拉塞卡(Subrahmanyan Chandrasekhar)于 20 世纪 30 年代进一步发展了这一理论。但爱因斯坦的理论没有考虑到量子力学,一种新的理论认为每个黑洞都会发出微弱的辐射,就像极为暗淡的恒星一样。根据这一理论,霍金辐射会在黑洞表面附近产生一对粒子,分别位于事件视界[①]里面和外面。外面的粒子可以逃离黑洞,而与之成对的粒子仍然留在里面。矛盾的是,这些粒子的产生会导致黑洞质量减少,略微收缩,温度变得更高。数万亿年后,粒子的逸出最终会使黑洞完全蒸发。所以,现有理论认为,如果等待足够长的时间,一切物质都将逃离黑洞!

撰文:

布莱恩·颜尼博士

费米国立加速器实验室,研究员

绘图:

伊娃·范(Evan Fan)、布伦丹·门罗(Brendan Monroe)

www.potatohavetoes.com

www.brendanmonroe.com

---

　　① 事件视界是从黑洞中发出的光所能到达的最远距离,也就是黑洞最外层的边界。事件视界是一种时空的曲隔界线,视界中的任何事件皆无法对视界外的观察者产生影响。

什么是"上帝粒子"？

希格斯玻色子，全名希格斯-布罗特-恩格勒特玻色子，是粒子物理学标准模型预言存在的一种有质量的基本粒子。迄今为止，标准模型是粒子物理学中描述基本粒子之间相互作用的最佳理论。然而，（未引入希格斯场的）标准模型问题在于，为了起作用，这种理论要求所有基本粒子都必须没有质量。但我们知道，粒子是有质量的，因此标准模型并不完整，需要补充一个赋予粒子质量的物理机制。我们把赋予粒子质量的场称为希格斯场。由于场存在的前提是必须存在相应的粒子，我们又引入了希格斯玻色子。希格斯玻色子、希格斯场，以及某些迄今尚未发现的物质，将帮助我们解释粒子怎样获得质量。质量是宇宙的根本。我们知道，自然界中通过粒子的交换产生相互作用。例如，名为光子的粒子传递我们在日常生活中非常熟悉的电磁力。所谓的W及Z玻色子，传递造成原子核放射性衰变的弱核力。光子完全没有质量，而W及Z玻色子就基本粒子而言质量很大，几乎是质子质量的100倍。这种质量差异是粒子物理学中最基本的难题之一，而希格斯玻色子的存在可以解决这个问题。然而，迄今为止还未能在实验中探测到希格斯玻色子，虽然我们知道它的质量肯定超过120个质子。

从45年前开始，寻找希格斯玻色子一直是粒子物理学追求的最高目标。有些实验中也许即将发生人类与这种粒子的第一次见面，目前人们把所有希望放在瑞士日内瓦欧洲核子研究中心的大型强子对撞机（Large Hedron Collider，简称LHC）上。这个庞大的圆形机器包含一个有27千米长的环形隧道，位于地下100米左右，把两束质子加速到目前可以达到的最高能量，迎面相撞。猛烈的碰撞使对撞质子的能量转化为质量，正如爱因斯坦的著名公式[1]所述，从而可以产生新的重粒子，如希格斯玻色子。大型强子对撞机于2010年开始实施对撞，人们期待超环面仪器（ATLAS）与紧凑渺子线圈（CMS）这两个大型装置中的对撞实验分析，能够给出希格斯玻色子存在的终极答案。寻找希格斯玻色子可能需要花费好几年时间，研究人员要仔细分析实验中的亿万次对撞。

确认希格斯玻色子的存在，补上标准模型中缺少的最后一部分，将成为科学上的一次胜利，使我们认识到已知粒子的多样性，因此希格斯玻色子有时也被戏称为"上帝粒子"，隐喻它能够使我们了解整个宇宙。针对这种玻色子的特性进行研究，无疑也将为科学家们面对新的问题时打开一扇新的门。

如果大型强子对撞机的实验结果排除了希格斯玻色子存在的可能性，目前也有另外几种不需要希格斯玻色子存在的理论，统称为无希格斯模型。但大多数粒子物理学家预测，大型强子对撞机会在不远的将来找到希格斯玻色子。

就在本书完稿后，物理学家真正发现了希格斯玻色子存在的证据。一项伟大的科学成就——向科学家们表示祝贺！

---

① 指爱因斯坦1905年提出的质能公式，物质的质量和能量可以互相转化，$E=mc^2$，其中E表示能量，m代表质量，c表示光速。

撰文：

阿尔伯特·德·勒克博士
（Albert De Roeck PhD）
欧洲核子研究组织，资深科学家
比利时安特卫普大学，兼职教授
美国加州大学戴维斯分校，客座教授

绘图：

乔丁·埃斯皮（Jordin Isip）
www.jordinisip.com

问题 7

什么是反物质？

所有已知的粒子，都存在质量相同、电荷相反的反粒子。例如，电子的反粒子是正电子，质子和反质子也类似。完全由反粒子构成的物质，称为"反物质"。一个质子和一个电子构成一个正常的氢原子，一个反质子和一个正电子，以同样的方式构成一个反氢原子。反氢原子已经不仅仅存在于假设中，1995 年，欧洲核子研究中心的物理学家首次制造出 9 个反氢原子。然而，很难对这些原子进行实验研究，因为它们与正物质接触后会迅速湮灭[①]。

如今，还没有任何实验证据能够证明，在我们观察到的宇宙中存在一定量的反物质。换句话说，我们的宇宙几乎完全由正物质构成。这种现象令物理学家们感到费解，考虑到物质和反物质的对称性。有很多彼此冲突的理论试图解释这种不对称性产生的原因。有些理论主要从粒子的层次上解释，大自然也许更偏爱某些正物质反应，而非相应的反物质。人们已经在实验室中观察和彻底研究过这些反应，但我们不知道仅仅这一点是否可以解释宇宙中物质的不平衡。另一些理论认为，存在一个主要由反物质构成的宇宙（所谓的反宇宙），但距离以正物质为主的区域十分遥远，很可能位于我们能够观测到的宇宙之外。总之，我们从地球上看到的宇宙，也许并不是全部！

撰文：

迈克尔·雷顿博士

欧洲核子研究组织，研究员

绘图：

莱夫·洛—比尔（Leif Low-Beer）

www.leiflow-beer.com

---

① 湮灭是指物质与其反物质接触时，质量 100% 转换为能量，释放出高能光子或伽马射线等。

问题 8

是否存在三维以上的维度？

空间的维度，也就是定位空间中任何一点所需数字的数目。例如，一只蚂蚁在地板上爬行，我们只需 2 个数字就能指明它在给定时间的位置，同样，人类用 2 个数字（经度和纬度）就能说明我们在地球表面上的位置。一般来说，平面有 2 个维度，平面上任何一点的位置都可以用 2 个数字来确定。这 2 个数字（我们称之为坐标）可视为一个"参考系统"，参考系统可以通过多种方式来定义。例如我们可以说，蚂蚁在一个长方形房间里的位置是距离南墙 4 米，距离西墙 3 米。无论怎样设置参考系统和坐标，空间的维度都是一样的。由于蚂蚁只能探索 2 个纬度，它的世界仿佛是一个二维世界。而对于在蚂蚁上空飞行的蜜蜂来说，我们需要第 3 个数字来确定它距离地板上某一点的高度。体积（譬如我们周围的空间）具有 3 个维度，我们可以用 3 个数字来定位其中任何一点。但是否存在这样一种可能性，三维以上的维度是我们无法"看到"的，就像蚂蚁只能"看到" 2 个维度？

如果我们想要定位的蜜蜂正在移动，只用 3 个数字就无法描述它的位置了，我们还必须指明它在什么时间位于某个位置。此外，如果蜜蜂在 2 个相对移动的参考系统中

飞行，比如火车站和正在行驶离开的火车车厢里，我们所说的空间，从其他人的角度来看，是一个混合了空间和时间的系统。我们人为地分离空间和时间，这取决于我们选择参考系统的方式。根据爱因斯坦的理论，我们的宇宙是一个四维"时空"，长度、宽度、高度和时间，而且这个时空是弯曲的，随着行星和恒星的移动而改变形状。引力是时空曲率的表现：一个巨大的物体（比如地球）会造成时空变形，从而使周围其他物体沿着弯曲的部分朝着这个巨大的物体滑过来。

物理学家预测，如果在原子的层次上观察和研究宇宙，时空结构会表现得截然不同，因为在非常小的尺度上，"微型蚂蚁"和"微型蜜蜂"的运动并不遵循爱因斯坦的广义相对论，而是遵循与相对论完全不同的量子力学规则。"量子小虫"的运动方式与行星和恒星不同，这为我们带来了一个问题——"微型小虫"会怎样使时空变形，怎样对其他小虫产生引力？目前已经出现了各种各样的假说，试图回答这些问题。例如，弦理论中预测可能存在 10、11 或 26 个维度，取决于这些跑来跑去的"小虫"的种类。令人颇感兴趣的是，解释小虫周围时

空现象的多种不同理论，都存在一个共同点：宇宙的维度取决于我们在怎样的尺度上看待宇宙。在某些情况下，宇宙表现出二维的特点，在另一些情况下，又像是四维（或更高维度）。自然界中还观察到另一些奇异的"空间"，称为"分数维度空间"，其结构同样取决于我们观察空间的尺度。这些空间具有非整数的维度，也就是说，我们可能需要 1.58 个数字来确定分数维度空间中一个点的位置。

我们的宇宙是否有可能是分数维度的？在一个非常小的尺度上，是否只需要 2 个数字来确定微型版本的你的位置？是否真的存在四维以上的维度？目前我们已经能够用 4 个数字来定位宇宙中任何一点，但如果在更小的尺度、更高的能量下进行实验，谁知道我们会发现什么呢？

撰文：

赫克托耳·赫尔南德斯–科罗纳多博士
（Hector Hernandez–Coronado PhD）
墨西哥石油研究所，博士后，研究员

绘图：

蒂姆·高夫（Tim Gough）
www.timgough.org

问题 **9**

接近光速时会发生什么？

假设你登上火箭，系好安全带，准备点火发射。再假设地球上的人可以观察到火箭上的时钟。根据爱因斯坦狭义相对论，随着你逐渐加速，地球上的观察者会看到时钟走得越来越慢。而另一方面，你不会注意到时间流逝的速度有任何变化。火箭上的每个人都会正常老化，但与地球上的人相比，你越接近光速，老化的速度越慢。如果你能看到地球上的时钟，会发现它走得非常快，甚至快到连指针都看不清。当你返回地球时，也许地球上已经过了好几年，甚至好几十年，而你只变老了一点点。

时间膨胀有很多有趣的特点，比如说，这与一个人相对另一个人的运动有关，也与作用在我们身上的引力有关。无论是火箭上的人还是地球上的人，每个人面对的时间似乎都以同样的速度流逝。只有当我们从两个或更多的视角（或者从不同的引力场）比较时间的流逝时，才会发现流逝的速度存在区别。

为什么会出现这样的情况？我们还没有找到答案。我们针对自己感受到的现实进行科学观察，推断出这些规则，但目前尚且无法解释时间流逝中的差异。

撰文：

艾姆·贝纳罗亚博士（Haym Benaroya PhD）
美国罗格斯大学，机械与航空工程教授

绘图：

安娜·贝纳罗亚（Ana Benaroya）
www.anabenaroya.com

问题 **10**

星星是怎样诞生和死亡的？

　　星星诞生于寒冷、密集、黑暗的气体云中，这是星系的摇篮，由分子氢、一氧化碳和其他简单化合物构成。引力把气体拉向内部，形成近似球形的云团，尺寸和质量都相当于好几个太阳系那么大。每个云团中心的密度和温度越来越高，最终开始出现基本核聚变反应，氢转变成氦，形成一颗中央恒星，然后气团和尘埃进一步聚集成行星大小，绕着恒星周围的轨道运转。

　　恒星核心中的氢几乎完全聚合成氦之后（对于一颗质量与太阳类似的恒星来说，这个过程需要 100 亿年），恒星开始迅速聚合成越来越重的元素，直至转变为铁，这时已经无法再有效产生核能。之前一直被中央核反应牵制的引力，开始起到主导作用，把物质吸引过来压迫恒星的核心。除非恒星核心的质量有几个太阳那么大，否则恒星将变成白矮星，通过简并压力①维系在一起，同样也是这种压力，确保各个电子在独立的轨道上围绕原子核运行。白矮星经过数万亿年的冷却，最终变成黑矮星，这是一种飘浮在太空中的黑暗云团，几乎无法探测到。另一方面，如果铁核的质量很大，一瞬间坍缩会导致巨大的超新星爆炸，促使核电子与质子彼此结合，形成快速旋转的脉冲中子星，或者在极端情况下，形成新的黑洞。几十亿年里，中子星速度逐渐减缓，光线变得暗淡，黑洞最终将完全蒸发，这个时间尺度要比我们目前宇宙的年龄大很多倍。

撰文：

布莱恩·颜尼博士

美国费米国立加速器实验室，研究员

绘图：

珍妮·沃尔沃斯基

www.also-online.com

---

①　简并压力指粒子间的相互排斥力。

图 10

图 1

图 9

图 2

图 3

图 4

图 8

图 7

图 6

图 5

图 1：引力护士

图 2：主序星婴儿

图 3：红巨星婴儿

图 4：白矮星婴儿

图 5：红矮星婴儿

图 6：中子星婴儿

图 7：超巨星婴儿

图 8：黑洞婴儿

图 9/10：移动

问题 **11**

月球的起源是什么？

1969 年"阿波罗号"登月之前，关于月球的起源有三种理论：俘获说、分裂说、双行星说。俘获说认为，月球在太阳系其他地方形成，飞过地球附近时被地球轨道俘获。分裂说认为，地球在历史早期高速自转，把一部分甩了出来形成月球。双行星说认为，地球和月球是由小型原行星[①]或微行星同时形成的。

对"阿波罗号"宇航员带回的月球样品进行分析，我们发现，月球上的玄武岩与地球上的玄武岩的成分非常相似，氧同位素[②]组成比例完全相同。主要差异在于某些稀土元素的丰度，而且月球上几乎完全没有水和挥发性化合物，月球核心也不像地核那样以液体铁为主。到了 1984 年，根据"阿波罗号"带回的数据，形成了月球起源的第四种假说——撞击说，这也是当前地球科学教材上采用的理论。撞击说认为，在太阳系早期的动荡环境中，一个大型原行星（约为火星大小）与早期地球相撞，此时的地球已经分层形成了地核、地幔和地壳。撞击导致地壳再次熔化，把地幔中一部分物质送入太空。这些物质中，较重的部分留在地球引力场内，随后聚集起来形成了月球。这种假说能够解释为何月球岩石相对缺乏挥发性化合物和水，为何月球岩石与地球地幔的化学成分相似，为何月球不存在较大的金属核心（因为撞击没有破坏地核）。

过去十年中发展出多种质谱技术，用于测定矿物质的化学成分和同位素组成，促使地质学家从整体上重新思考撞击说，或完善撞击说的各项参数。例如，2010 年和 2011 年在月球上的玄武岩玻璃和橄榄石包体中发现了含量可测的水，这与撞击说目前的理论不一致。地球上最古老的岩石中锆石的年龄，也无法支持撞击说。如今，一部分地球科学家认为，岩石中记录的地球化学证据越来越难以支持撞击说，他们重新转向了俘获说。虽然俘获说需要满足特定的星际条件，而物理学家和天文学家认为这种"正确的时间、正确的地点"不太可能实现，但俘获说确实能够解释撞击说无法解释的一些地球化学和地球物理数据。随着我们使用 20 世纪 70 年代尚未出现的设备重新分析"阿波罗号"带回的岩石，关于月球起源的理论必然会进一步发展。

[①] 在新形成的恒星外面，围绕着浓密气体构成的原行星盘，其中微小的尘埃颗粒经由不断碰撞形成千米尺度的微行星和月球尺度的原行星，最终演变成真正的行星。

[②] 同位素是指一种元素存在质子数相同而中子数不同的几种原子，自然界中的氧有 3 种稳定同位素 16O、17O 和 18O。

撰文：

萨拉·K. 卡迈克尔博士（Sarah K. Carmichael
PhD）

美国阿巴拉契亚州立大学，助理教授

绘图：

洛朗·纳西夫（Lauren Nassef）

www.laurennassef.com

问题 **12**

是什么触发了地磁倒转？

假如你在很长很长时间里（比如说几百万年）一直看着指南针，你会发现指针偶尔会翻转半周。曾经的北方现在变成了南方。这就是所谓的"地磁倒转"。

要理解为什么会发生地磁倒转，我们首先需要稍微了解一下地球的结构。人类、动物和植物都生活在地球的固体表面上，这一固体表面称为地壳。地壳下面很深很深的地方是地核的外核，由铁构成，因温度非常高，从而呈液体状，类似于钢铁厂的铁水。地球的中心是内核，同样由铁构成。内核的温度接近太阳，但处于非常巨大的压力下，呈固态。液态外核不断翻腾搅动，熔融铁以螺旋轨迹的模式围绕地球中心运行。导电流体（熔融铁）的旋转和对流，组合起来构成了一个发电机，它本质上是一个正反馈回路，用来维持地球的磁场。

地磁倒转是由地球绕地轴自转时内部熔融铁层流动的微小变化引起的。这种变化可能源于熔融铁及其上下方固体旋转速度的变化，也可能源于外部事件，比如大型陨石的撞击。虽然确切原因目前还是个谜，但是普遍认为，流体层的细微扰动会破坏地磁的微妙平衡，最终导致地磁倒转。

如果一名观察者几百万年里一直看着指南针，也许会觉得地磁倒转很快就完成了。然而，在人类的时间尺度上，地球磁场在地磁倒转期间（也许是1000 年），会变得复杂得多。在地球变回一个北极和一个南极之前，中间这段时间会出现多个北极和南极。平均而言，地磁倒转每 30 万年发生一次。然而，最近一次倒转发生在大约 78 万年前。也许不久之后我们就会面临下一次地磁倒转的开始。

撒文：

弗里茨·克兰布兹（Fritz Krembs PE,PG）

特里许德罗（Trihydro）公司，工程师/地质学家

绘图：

卢克·拉姆齐（Luke Ramsey）

www.lukeramseystudio.com

问题 13
地球背景噪声是什么？

多年以来，地球表面一直持续发出人耳完全无法察觉的振动，被灵敏的地震仪器记录下来。振动周期的范围很广，从 1 秒到 1000 秒都有。地震学家研究了这种地震噪声的性质，称之为"地球背景噪声"。关于这种噪声的起源，有几种不同的假说。

一种广泛认同的理论认为，风能在广阔的海洋上转换为海浪的能量，然后海浪的能量以海洋重力波（或者在周期较长时称为长重力波）的形式传送到大陆边缘。在海岸线附近，如果海水较浅，海洋重力波可以与海底直接互相作用，转换为固体地球传播的地震波。这种噪声通过陆地传播时，被地震台记录下来。

长期以来，科学家们认为这种噪声只是一种干扰因素，像地震和爆炸一样会妨碍地震学家探测和研究弱震事件。直到最近人们才发现，从地球背景噪声中可以了解到关于地球结构的重要信息。如今很多人致力于研究这种噪声的起源、辐射特性以及季节变化。目前仍有一些令人百思不得其解的难题尚待解决，比如一个周期 26 秒的强大噪声峰值，来自非洲附近大西洋几内亚湾的未知源头。

撰文：

阿纳托利·列夫申博士（Anatoli Levshin PhD）

美国科罗拉多大学波德分校，讲师

绘图：

朱莉娅·罗思曼

www.juliarothman.com

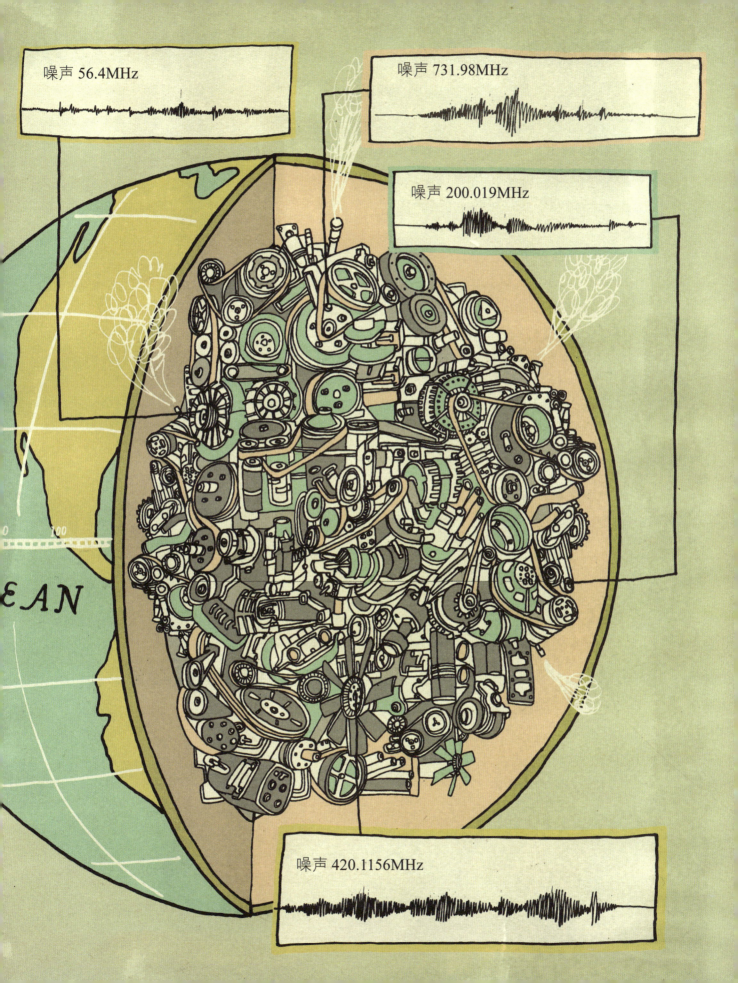

噪声 56.4MHz

噪声 731.98MHz

噪声 200.019MHz

噪声 420.1156MHz

问题 **14**

是什么引起了板块运动?

如今,人们普遍认为构成海底和大陆的地球表面,永远处于移动和变形的状态中。地球表面并不像人们曾经认为的那样,是一个稳固不动的外壳,而是由若干个很大的部分或板块构成,相邻的板块之间存在相对运动,滑到下面、压到上面、擦肩而过、逐渐远离。不同的板块互相接触时,边缘会挤压在一起,形成山脉和火山。而不同的板块彼此分离时,可能形成扩张的区域,如东非大裂谷,也可能形成新的板块物质,如中洋脊[①]。

板块运动或板块构造存在的原因在于,地表板块漂浮在高温、致密、类似塑料的熔岩层上。随着板块物质被迫进入下方熔岩层,或者从熔岩层中流出,密度和温度的变化将维持和加强流体的流动,像传送带一样促使每个板块持续不断地运动、生成和消亡。板块物质生成和消亡的速度处于平衡状态,随着新的物质生成,原有物质会以大致相同的速度消亡。

新发现的矿石证据表明,板块运动已有超过 40 亿年的历史。如果这些研究成果得到证实,将与长期以来的理论产生冲突,人们原本一直认为 40 亿年前地球表面处于熔融状态,十分荒凉。但如果那时已经有板块的存在,地球上生命起源的时间可能比我们原本以为的要早数百万年。

撰文:

朱莉·帕多夫斯基(Julie Padowski)

美国佛罗里达大学,水文学家

绘图:

马克·贝尔(Marc Bell)

marcbelldept.blogspot.com

---

① 中洋脊又称大洋中脊、中央海岭,是纵贯太平洋、印度洋、大西洋和北冰洋的巨大海底山系。中洋脊轴部是分离型板块边界,地震和火山活动频繁,热地幔物质沿脊轴不断上升形成新洋壳,向两侧扩张推移。

剖视图

图 1 地层是活动的

问题 **15**

地震可以预测吗？

地震是地球内部活动的有力证据。在古代，人们认为地震是神灵在展现力量、发泄怒火。20 世纪初期对 1906 年旧金山大地震进行研究时，约翰霍普金斯大学的地质学教授 H. F. 里德认为，会发生地震是因为之前积累的弹性应力引起"弹性回跳"。现代地震学家普遍认同里德的观点，但直到 20 世纪后半叶，人们才终于了解是什么原因导致应力的积累。板块下面的上地幔[①]中，较软的黏性物质会产生热对流，促使地球岩石圈的固体板块缓慢运动，并产生应力，这就是一般所称的板块构造学说。

这些板块，就像春季河流解冻时漂浮在水面上的冰块，彼此推挤，互相交叠，或擦肩而过。由于板块之间存在强大的摩擦力，所以板块运动的步骤幅度非常小。如果哪个运动步骤打破了阻力，允许板块之间相对运动，就会引起地震。

地震学家相当了解地震多发地区，他们在地震活动性、压力与大地测量异常、氡气析出，甚至动物行为中寻找地震前兆，希望能预测未来的地质事件。可惜的是，由于各种地质和构造环境差异很大，科学家们仍然无法准确预测大地震的时间和地点。例如，前些年在苏门答腊、印度尼西亚和日本发生了伤亡惨重、破坏极大的灾难性地震，都未能提前预测。

撰文：

阿纳托利·列夫申博士

美国科罗拉多大学波德分校，讲师

绘图：

艾萨克·托宾（Isaac Tobin）

www.isaactobin.com

---

① 地壳与地核之间是地球的中间层，称为"地幔"，地幔又可分成上地幔和下地幔两层。

问题 **16**
地球上的水来自哪里？

我们每个人都诞生于子宫里的水中。事实上，水是生命之源——没有这种至关重要的物质，永远不会进化出生命。你的身体大部分由水构成，地球表面的四分之三被水覆盖。干旱和洪水会导致一个王朝的覆灭，水决定了我们的文明是欣欣向荣还是凋谢枯萎。

水无处不在，我们的存在和命运都与之息息相关，但我们目前仍不清楚，地球是怎样变成现在这个"蓝色星球"的。

我们的太阳系形成时，气体和尘埃构成庞大寒冷的云团，缓慢旋转，坍缩成圆盘状。太阳在中心燃烧，天文爆炸产生的碎片经过吸积[①]逐渐形成行星，在越来越远的轨道上依次运行。人们很久以前就认识到，与地球相邻的星球温度都太高，含水的矿物不可能稳定存在。因此，人们认为地球上的水来源于太空。目前一种占优势的理论认为，水是彗星从奥尔特云[②]带来的，当时，来自宇宙的冰雹带着大量冰块袭击了早期的地球。

三个彗星，哈雷彗星、百武彗星和海尔-波普彗星，都曾经抵达我们能够分析的距离之内，但比较彗星上的水与地球海洋中的水，其特征并不一致。这三个彗星上的冰里，氘的比例要高一倍（氘是氢的一种稳定形态同位素，也称为重氢，比氢多了一个中子）。这说明，地球上水的主要来源很可能并不是彗星，虽然几乎可以肯定其中一部分来自彗星。同样，小行星也许曾为地球带来了一些水，但恐怕也并不是主要来源。

鉴于人们对彗星上水的构成有了全新的发现，最近几年，"含水地球"的理论开始崛起，认为地球最初形成的过程中，虽然温度极高，但仍然有水的存在。这种理论提出一种吸附机制：水分子附着在星球尘埃颗粒的表面上。被吸附的水不再处于气态，可以与较重的固体一起逐渐吸积形成地球，而其他较轻的气体都被太阳风带往太阳系更远的外围。

无论水最初来自哪里，在地球早期逐渐固化的过程中，因内部压力和温度升高，水很可能处于蒸发状态。但随着时间的流逝，地球温度降到一定程度，水蒸气凝结，第一场雨落了下来，生命开始孕育。

撰文：

斯图尔特·约翰·穆勒博士（Stuart John Muller Phd）

美国佛罗里达大学

绘图：

詹姆斯·格利弗·汉考克（James Gulliver Hancock）

www.jamesgulliverhancock.com

---

① 吸积是天体通过引力"吸引"和"积累"周围物质的过程，包括小颗粒互相碰撞并粘在一起形成较大的物体，以及大质量天体通过引力场从周围获取物质。

② 奥尔特云是一个包围着太阳系的球体云团，距离太阳约 5 万至 10 万个天文单位（1 天文单位大约相当于 1.5 亿千米）。奥尔特云作为彗星发源地的假说，还没有得到最后证实。

地球面积的
3/4 被水覆盖

水从哪里来？

或者

地球

形成时，

水粒子也许

附着在较重

的粒子上

地球上一部分水
也许来自彗星？

或者宇宙冰雹？

问题 **17**
气候变化是否会导致洋流变化?

海水的全球环流称为"海洋输送带"。据估计,一滴水跟着海洋输送带旅行,大概需要1000年才能完成环游世界。赤道与两极之间空气和水的温度差异、盛行风[①]、盐浓度和水的密度,以及水受到引力的细微差异,这些因素结合起来导致洋流的出现。

科学家们推断,1.1万或1.2万年前的"新仙女木期[②]"或"大冰冻期"时,北大西洋的海洋输送带停止了。对这种情况的一种解释是,北美一个古老而庞大的冰川湖把大量淡水排入海洋,导致洋流循环停止,引起了迄今1.2万年内规模最大、最严重、最突然的气候变化。北半球很多地方经历了西伯利亚式的寒冬,越是北方,极端的寒冷和干旱越是严重。印度季风系统受到破坏,热带降雨环境向南移动。如果我们继续燃烧化石燃料、砍伐森林、增加工厂化农业,有可能再次出现气候突变环境。

全球变暖导致海洋和大气以前所未有的速度升温,几乎可以肯定,这也会对海洋输送带产生影响,虽然现在还无法预测究竟会产生怎样的后果。目前,我们已经在更短的时期内经历了更多的极端气候事件,原始数据表明,常见的洋流以不同寻常的方式与大气分离,例如纵向循环减少,形成不可预知的深海洋流。气候系统中的热量越来越多,会带来更混乱、更极端的环境,不断增加的能量会引发更多的火山活动、风暴、海浪和地震。

撰文:

维多利亚·基纳博士(Victoria Keener PhD)

夏威夷火奴鲁鲁东西方中心,研究员

绘图:

皮耶塔里·波斯蒂(Pietari Posti)

www.pposti.com

---

① 盛行风是指在一个地区某一时段内出现频率最多的风或风向。

② 新仙女木期得名来由是,在欧洲这一时期的沉积层中,发现了北极地区一种草本植物——仙女木的残骸。更早的地层里也有同样的两次发现,分别称为老仙女木事件和中仙女木事件。新仙女木期气温骤然下降,降温持续了上千年。

问题 **18**

真的存在超级巨浪吗？

出海的水手中长期流传着一种传说，有些不可预测的"异常"波浪，超过 100 英尺（约 30.48 米）高，能够摧毁哪怕最大的船只。封闭式浅海湾的海底地形，为在巨浪中航行创造了有利条件，远海上出现的巨浪要更加难以预测。例如，1958 年在美国阿拉斯加州一个封闭海湾——利图亚湾，地震及其引起的大规模海底山崩，造成了 524 米高的巨大海浪，比美国纽约帝国大厦还要高将近 150 米。但直到 1995 年，科学家们才开始怀疑远海存在着超级巨浪。这一年，英国北海第一次留下超级巨浪的科学记录。目前人们发现，无明显力学原因的超级巨浪会半规律性地出现。

科学家们认为，超级巨浪产生的原因也许是多个理想事件的组合。波浪以不同的波长传播，会引起波浪"聚焦"，障碍物的尺寸形状以及海底的不规则性，促使波浪前端的能量压向海岸。据推测，这些聚焦波浪在混乱的海洋背景下叠加起来，可能会形成巨大的海浪。研究人员正试着重建超级巨浪产生的条件，在实验室波浪水槽中模拟洋流，着重于海洋局部作用以及一系列薛定谔方程描述的非线性波振荡。

目前，每年仍有 100 多艘大型船舶在海上失踪，其中许多事件非常不可思议。科学家和水手们一直怀疑，也许很多船只的失踪都是超级巨浪引起的。

撰文：

维多利亚·基纳博士

夏威夷火奴鲁鲁东西方中心，研究员

绘图：

约翰·亨德里克斯（John Hendrix）

www.johnhendrix.com

问题 19
水的结构是什么样的？

水分子由两个氢原子（H）分别与一个中心氧原子（O）通过共价键连接，共用两个电子对。氧原子其余未共用的电子，会产生强大的排斥力，把氢原子挤压到一起，从而两个共价键之间的夹角为 104.5 度。虽然水分子整体上是中性的（没有净电荷），但仍然带有极性，非共享的氧电子附近产生局部负电荷，挤压在一起的氢原子附近产生局部正电荷。由于每一个水分子都带有同样的极性，一个水分子的正极会吸引另一个水分子的负极，形成有组织的分子间结构，这个过程称为"氢键结合"。在冰里，这些氢键形成了均匀、刚性的晶格结构。但人们还未能充分了解液体水的结构。

传统上认为，液体水的局部结构类似于冰，但处于运动之中：呈松散晶格状排列的分子，与最近邻分子之间构成不同的氢键，迅速移动变换。但最近的 X 射线研究表明，还存在其他不同的分子结构［这一理论最早由威廉·伦琴（Wilhelm Röntgen）于 1892 年提出，他同时也是 X 射线的发现者］。一些科学家推论，除了晶格状聚集的水分子之外，也可能存在线形或环形的水分子簇。有多少种不同的构造存在，其稳定程度如何，产生的频率如何，这些问题仍处于争论中。可以肯定的一点是，水的结构也许比我们以前认为的更加不均匀，更加动态。

撰文：

戴维·卡普兰博士（David Kaplan PhD）

美国佛罗里达大学生态水文学实验室，博士后，研究员

绘图：

哈里·坎贝尔（Harry Campbell）

www.drawger.com/hwc

问题 **20**

云里的水为什么不会冻结？

　　地球上来自河流、水井、饮水机，我们家里水龙头的水冷却到0℃时就会冻结，这一温度一般称为水的冰点。这种水含有很少量（百万分之几）的杂质，来源于土壤或空气中的矿物。云位于远离地球表面的高空中，含有纯粹的液体水和水蒸气。不含杂质的水可以在温度低于0℃时保持液态。这就是过冷水。

　　也许在我们看来，云都很相似，但它们内部其实完全不同。科学家们会实地飞过云层、在实验室里制造小型的云、使用电脑建模来模拟云，从而发展出各种假说，推测云是怎样形成和增长的，水滴会在何时何地冻结。水滴会通过以下方式形成：云里偏下方的位置，温度往往比0℃高，但地球上空越高的地方空气温度越低。云里的空气温度达到约–7.2℃时，纯水的水滴如果与悬浮颗粒接触，就会开始冻结。空气温度约–22℃时很多水滴会冻结，–27℃时绝大多数水滴会冻结，–72℃时云里所有的水滴都会冻结。冻结的水滴与其他过冷水滴融合增大，达到足够的重量时，如果温度高于0℃，就会融化成雨滴落下来。

　　利用飞机把碘化银作为凝结核投放到积云中，这种人工造雨的方法已有60多年的历史。人们认为碘化银作为凝结核能够迅速冻结水滴，通过一系列物理过程增加降雨量。但并没有确凿的证据证明，"播云[①]"产生的雨水比自然形成的雨水更多。

撰文：

南希·韦斯科特博士（Nancy Westcott PhD）

美国伊利诺伊州水调局

美国伊利诺伊大学草原研究所，气象学研究员

绘图：

魏晶琳（Jing Wei）

www.jingweistudio.com

---

① 向云中播撒碘化银等催化剂以增加降雨或降雪的过程。

问题 **21**

为什么每一片雪花都独一无二？

　　雪花在云里开始形成，云是由水滴附着在尘埃的小颗粒上构成的。水滴在云中蒸发形成水蒸气。水蒸气在非常低的温度下直接变成固态冰，这个过程称为凝华。极微小的冰晶逐渐增大，重到一定程度后会作为雪花落下。

　　传统的雪花图片是一个六瓣的冰晶，六个瓣完全相同，但在大自然中，这种完美的范例一般只是少数。雪花的实际形状多种多样，有六角形片状，有细长的针形，有扁扁的六棱柱状，甚至还有空心柱状。此外，还存在大量没有特定形状的不规则雪花，甚至不具备普遍的六角对称结构。雪花的形状主要取决于水蒸气变成冰时的温度和湿度。在较低的湿度下，形状主要是片状和柱状，在较高的湿度下，往往绝大多数是更复杂的六瓣形。在固定的湿度下，随着温度从 0℃降至–30℃，雪花形状不断变化，从片状到柱状，回到片状，再变为柱状。目前人们还不清楚，为什么温度的微小变化会引起这样的形状变化。

　　为什么每一片雪花都是不同的？雪花落下的过程中，经历了无数的微气候环境，温度和湿度变化很大。雪花落到你面前那一刻的最终形状，由它经历过的各种千差万别的微气候决定。由于下落的路径不可预知，充满变数，没有哪两片雪花经历了同样的微气候，所以每一片雪花都是独一无二、无法预测的。

撰文：

安德鲁·米勒博士（Andrew Miller PhD）

水化学家

绘图：

罗曼·克隆克（Roman Klonek）

www.klonek.de

问题22

龙卷风是怎样形成的？

要形成龙卷风，必须存在一种云，这种云被称为"积云"。我们认为积云带来了雷暴，出现闪电、雷声、大雨或冰雹。如果这种云规模大到几平方千米，则称之为"超级单体风暴"。超级单体风暴往往会引起龙卷风。

一个旋转的风柱从积云底部向下延伸，如果接触到地面，称为龙卷风，否则称为漏斗云。

虽然也许有些奇怪，但产生龙卷风的旋转风柱，往往源于地面附近速度较低的风，与此同时，风的位置越高（例如300米以上），速度越快。这会引起空气滚动，类似于在地面上滚动圆木或者在桌子上滚动铅笔。

关于龙卷风是如何形成的，目前有三种不同的理论（也许三种都是正确的），但我们首先要理解云是怎样形成的，然后才能明白滚动的风柱怎样扭转，如何变成垂直旋转的风柱。

如果地面附近的空气比上方的空气更热，产生对流，积云会开始增大。暖空气上升时冷却，其中的水蒸气凝结。例如，如果你在寒冷的冬日来到室外，呼气时会看到自己呼出的气形成一朵小小的云。这是因为你呼出的气中含有水蒸气，遇到冷空气变成了水滴，但只来得

及瞥见一眼，它就会与空气混合到一起迅速消失。云的形成也是同样的过程。随着空气继续对流，云朝向空中越升越高。

太阳在白天使地球变热，空气的滚动也构成对流的一部分。对流可能引起空气倾斜，某些部分向上升起，另一部分仍然留在地面上。类似于你举起圆木的一端，另一端仍然留在地面上。不妨用铅笔来试试。让铅笔大约2.5厘米落在桌子边缘外面，沿着边缘滚动铅笔。如果你一边继续滚动铅笔，一边用手指抬起外端，它会变得难以控制！

随着空气的升高和倾斜，会发生两件事情。其一，空气中的滚动层会变成旋转的垂直空气柱（就像你的铅笔一样）。其二，旋转的空气柱包含在对流形成的云中。

至于旋转的空气柱怎样变成龙卷风，有一种理论称为"动态管道效应"。如果空气柱旋转越来越快，会向下增长，因为空气只能从空气柱的两端进入，就像管道一样，不能从侧面进入。从管子下端（龙卷风）吸入的空气，同样开始旋转。随着越来越多的空气被吸入，龙卷风会变得越来越大，直至下端接触地面。

形成龙卷风的第二种方式，是在风与风相遇时，出现所谓的"辐

合"[①]现象。如果地面产生的辐合风向上升高进入大气，会在距离地面几千米的高空形成暴风雨或超级单体风暴，内部包含旋转空气柱。这种龙卷风从地面向上生成，会发展得非常迅速。

第三种理论提出，在某些超级单体风暴中，一个空气非常干燥的区域被推向地面。如果超级单体风暴朝着某个方向移动（一般是东或东北方向），这个下沉区域处于云的后方（西南方向），称为"后侧下环流"（RFD）。后侧下环流环绕着旋转的空气柱，迫使旋转变得越来越快，距离地面越来越近，从而产生龙卷风。气象学家们正在继续研究后侧下环流，以确定它在龙卷风的形成中起到了怎样的作用。

撰文：

奥斯汀·L.杜利博士
（Austin L. Dooley PhD）
美国纽约州立大学帕切斯学院，讲师

绘图：

乔恩·哈恩（Jon Han）
www.jon-han.com

---

① 辐合是指中心气压低时，气流从高压的四周流入低压的中心，导致气流上升；反之称为辐散。

问题 23

这个世界为什么是绿色的?

地球是绿色的。在你能看到的任何地方,几乎都覆盖着丰富的植物。从热带雨林到高海拔沙漠,植物都占了绝对优势地位。但这就带来一个问题——植物这种看似随手可取的食物,相对于如今其在地球上的数量而言,为什么没有被更迅速地吃掉呢?世界上不会出现过多的松鼠或兔子,因为它们的天敌会控制其数量,那为什么植物数量没有得到更好的控制呢?

为了解释"绿色地球"的问题,目前已提出几种假设。一些研究人员认为,植物非常善于把自己变得难吃,或者发展出无数种化学和物理的防御机制,来抵御动物的食用,虽然草食动物在适应性进化中会争取克服这些防御机制,但植物总是领先一步。在最近一些实验中,人们把食物链顶端的动物排除在食物链之外,结果表明,地球之所以是绿色的,也许是因为食物链顶端的动物能够控制草食动物的数量保持在一个较低的水平,从而减少了对植物的取食压力。

也许需要把两种假说结合起来,才能构成一个完整的解释:植物的防御机制越来越高明,在进化竞争中不断险胜草食动物,同时食物链顶端的捕食者会确保草食动物的数量相对较少。

撰文:

亚历山大·格申森博士(Alexander Gershenson PhD)

美国圣何塞州立大学,客座教授

EcoShift 咨询公司,总监

绘图:

迈卡·利德贝里(Micha Lidberg)

www.micahlidberg.com

问题 **24**

可以通过进化来克服气候变化吗？

　　生物遗传特征导致特定环境中的生物选择性存活时，就会出现进化。随着环境的变化，具有某些特征的个体比其他个体具有更好的适应性，比如著名的浅色桦尺蠖，伦敦的工业污染导致这种生物的颜色在几代内变成深色。对于任何物种来说，努力适应不断变化的环境时，最具挑战性的是变化的速度。就气候变化而言，很多迹象表明，变化很可能会发生得太快，导致很多物种来不及适应。如果回忆一下曾经发生的变化，再预测一下未来 100 年中的变化速度，我们会意识到，某些物种由于世代时间长、生育率低、迁移能力有限，完全能够适应气候变化。但也有时候，整个生态系统，如美国南内华达山脉加利福尼亚高寒草甸生态系统，都会逐渐减少，甚至完全消失。

　　有些物种，无论是通过迁移还是优势基因的改变，也许能足够迅速地适应不断变化的气候，从而更好地适应变化的世界。不幸的是，物种并非存在于真空中。虽然生物群落内一些物种成功地适应了气候变化，但另一些物种必然会减少，从而改变了群落的结构，削弱了生物多样性。据预测，在最坏的情况下，未来 100 年中，地球上全部物种中有高达 40% 至 60% 将受到气候变化的威胁，即使某些物种能够克服气候变化的直接影响，也会受到随后生物群落变化带来的影响。

撰文：

亚历山大·格申森博士

美国圣何塞州立大学，客座教授

EcoShift咨询公司，总监

绘图：

叶琳娜·布里申科娃（Yelena Bryksenkova）

www.yelenabryksenkova.com

黑色桦尺蠖

普通桦尺蠖

问题 25

生命来自于哪里？

目前科学界一般估算认为，地球诞生于约 45 亿年前，最早的生命形式出现于约 10 亿年后。当海洋和大气形成后，所谓的原始汤①为生命的出现创造了有利条件：水、高温高压、存在于火山灰中和来自外太空的元素，以及闪电或辐射引起的能量爆发。从无机化合物中创造出生物生命的过程，称为"自然发生"，对于第一种生命形式是怎样创造出来的，目前存在多种互相争论的理论。

1952 年，一个名为尤里–米勒实验的著名项目，希望能够在实验室中重现地球诞生初期的条件。实验中形成了 20 种自然出现的氨基酸，即蛋白质的基本组成单位，而蛋白质是生命的物质基础。米勒（Miller）和尤里（Urey）把早期地球形成时已知存在的化合物，水、甲烷、氨、氢气，放入一个密封的容器中，然后加热并用电火花模拟闪电。仅仅一周后，研究人员发现，容器中已生成所有 20 种氨基酸，浓度各有不同，同时还含有其他地球生命中未曾发现的氨基酸。实验表明，早期地球上发现的简单化合物，完全有可能生成复杂的有机分子。

目前有两种自然发生论，"RNA 世界"假说和"铁硫世界"假说。在 RNA 世界假说中，漂浮在原始汤中的单个核酸，会形成核糖核酸 RNA（不同于脱氧核糖核酸 DNA），这是第一种自我复制的分子和化学反应的催化剂。事实上，目前我们体内仍然存在 RNA 酶，这一证据支持了 RNA 世界假说。铁硫世界假说认为，海洋深处的热液喷口，提供了从金属矿石中催化出生命所必需的元素和能量——生物首先发展出新陈代谢的能力，然后才是传递遗传信息的能力。

最近的研究或许为我们指明了新的方向。例如，在早期 RNA 向 DNA 转变的过程中，病毒也许起到了某种作用。还有其他各种理论，比如生命起源于外星或形成于地核深处。为了构建出这个问题的答案，每一代科学家都在不断添砖加瓦。虽然还有很多方面需要继续研究，但是在过去 60 年中，我们在生命起源的领域中已经取得了显著进展。

撰文：

维多利亚·基纳博士

夏威夷火奴鲁鲁东西方中心，研究员

绘图：

本·怀斯曼（Ben Wiseman）

www.ben-wiseman.com

---

① 科学家们认为，地球历史初期，因为频繁的闪电、火山、小行星活动，很多简单的无机分子发生化学反应，生成复杂的分子，甚至核酸、氨基酸类的有机物。这些有机物溶解于早期的海洋中，形成了"原始汤"。

问题 26

怎样才能知道恐龙吃什么？

  广受欢迎的电影和电视节目中的恐龙，可能会令人们相信，山顶洞人不过是这些史前怪兽很喜欢的一道点心。但事实上，对于恐龙的饮食，我们可以确定的一点是，人类并不在恐龙的菜单上。人类出现在地球上很久很久之前，恐龙就已经灭绝了。不过科学家仍然不能确定，恐龙吃什么、怎样吃，人们正试着从各种各样的化石证据中拼凑出这方面的信息。

  把恐龙的牙齿化石和骨骼化石，与如今一些爬行动物进行比较，我们已经能够大致区分不同种类恐龙的饮食。例如，我们知道，霸王龙的牙齿又长又尖，像刀子一样，类似于科莫多巨蜥（一种肉食动物），而梁龙的牙齿更加扁平粗短，类似于奶牛（草食动物）。然而，食肉恐龙是捕食其他动物，还是属于食腐动物（甚至同类相食）？食草恐龙吃的是树叶、草，还是海带？这些问题都还属于未知数。

  既然无法直接观察一种已经灭绝生物的进食行为，我们不得不根据恐龙留下的痕迹来思考。科学家们通过恐龙排泄物的化石，也称"粪化石"，重现恐龙吃下的东西。但很难确切推断出粪化石是哪一种恐龙留下的。有时我们也可以从食物残留物的化石中寻找线索，但要区分这道最后的晚餐究竟属于日常主食，还是导致这只恐龙死亡的原因，只会更加棘手。进一步了解恐龙的食物和进食行为，有助于我们更好地了解这种动物怎样随着时间的流逝适应（或无法适应）不同的环境条件。

撰文：

玛格丽特·史密斯（Margaret Smith MA,MSLIS）

文科硕士，图书情报学硕士

美国纽约大学，物理科学图书馆

绘图：

梅格·亨特（Meg Hunt）

www.meghunt.com

问题27
冰河时代产生的原因是什么？

就气候而言，我们的地球在遥远的寒冷火星与酷热金星之间，正处于适宜居住的"古迪洛克带"（也称适居带）中。然而在地球的历史上，气候的周期性变化足以使冰雪覆盖整个地球，引起大规模的物种灭绝。

气候受到多种循环的影响，有的使地球变暖，有的使地球变冷。其中很多循环会通过负反馈效应形成稳定状态：变暖的趋势会被降温的趋势抵消，反之亦然。但也有些循环与此相反，会促使自身的影响进一步增强。例如，堆积的冰块像镜子一样把阳光反射走，从而使地球进一步降温。一般认为，出现一个或多个自我加强的气候循环，是导致冰河时代急剧降温的原因。

除了自我加强的气候循环之外，还有其他因素也会对地球气候产生影响。其中最重要的就是太阳：地球轨道的变化，决定了有多少太阳辐射抵达地球。另一些地球动态活动也会有所影响。例如，大陆在熔化的岩石上滑动，会改变地球两极附近被冰雪覆盖的陆地面积，也可能阻挡海洋把赤道暖流传送到地球上的寒冷地区。甚至连冰雪、云、大陆和植被构成颜色明暗不断变化的图案，也会影响有多少阳光加热地球和反射回太空。虽然冰河时代似乎是由多重加强反馈引起的，但人们还不了解具体诱因包括哪些。

如今，我们处于"人类世①"的时代，人类对气候产生的影响不可忽视，科学家们开始重新评估生物学的作用。例如，颜色较暗、吸收热量的草原，与反光的沙漠之间边界不断变化，也会对气候产生影响。同样，藻类大量繁殖会耗尽空气中的温室气体，然后又迅速死去埋葬于在海洋深处，这些生物过程是否会再次触发过去的冰河时代？几千年以来，人类一直为了农业焚烧森林和开辟土地，近年来，又为了获得能源燃烧化石燃料，不断增加大气中的温室气体。我们是正在阻止还是正在加速下一次冰河时代的出现？

撰文：

凯茜·施密特博士（Casey Schmidt PhD）
美国佛罗里达大学，生物地球化学研究者

绘图：

约翰·克拉森（Jon Klassen）
www.burstofbeaden.com

---

① 2000年，为了强调今天的人类在地质和生态中的核心作用，诺贝尔化学奖得主保罗·克鲁岑提出了与更新世、全新世并列的地质学新纪元"人类世"。

问题 28

黑猩猩化石在哪里？

人类和黑猩猩在大约 600 万年前有着共同的祖先。古人类的化石记载了我们的血统从 600 万年前进化到今天所发生的变化。"露西"也许是最著名的古人类化石之一。她是一架相当完整的骨骼，为埃塞俄比亚南方古猿阿法种，约有 320 万年历史。还有尼安德特人，我们也发现了丰富的相关化石记录，年代分布在约 20 万年前到 3 万年前。在埃塞俄比亚也发现了始祖地猿的化石，可以追溯到 440 万年前。过去 60 年以来，古人类学的很多新发现明显推进了我们对于人类进化的认识。但有些问题仍然没有找到答案，比如说黑猩猩化石。唯一的黑猩猩化石于 2005 年在肯尼亚发现，年代距今约 50 万年。可是，生活在更久远年代的黑猩猩祖先在哪里？

想象一下，600 万年以前，最终进化为黑猩猩的族群与最终进化为人类的族群分裂开来。两条血统分头各自发展，一条发展成露西这样的古人类物种，另一条走向完全不同的道路。在地猿、南方古猿和尼安德特人的时代中，肯定也生活着现代黑猩猩的祖先。

但它们的化石究竟在哪里？这不是一个缺失的环节，更像是一条失踪的血统。

无法找到黑猩猩的化石，可能有几种原因。第一，黑猩猩化石的保存环境与古人类不同。某个物种生活和死亡的环境，会对化石的形成产生影响。黑猩猩主要生活在潮湿的热带森林环境中。这种生态环境不利于化石的保存，因为骨骼在森林土壤中会迅速腐朽。而古人类则生活在比较干燥的地方。第二，一些目前被认为是古人类化石的标本，有可能实际上是黑猩猩化石。600 万年前，人类祖先与黑猩猩祖先在外形上的区别，要比如今两个物种之间的区别小得多。鉴定灭绝物种时，一直都存在这方面的困难。第三，人们寻找各种化石的动力不同，只愿意找自己想找的东西。可以想象，没有多少人会致力于寻找森林黑猩猩的化石。因此，缺失的黑猩猩化石之所以是尚未找到答案的神秘进化问题之一，部分原因在于，我们并没有认真寻找。

撰文：

朱莉娅·M. 齐凯罗（Julia M. Zichello）
美国纽约城市大学研究生院，体质人类学博士研究生

绘图：

马蒂亚斯·阿道夫松（Mattias Adolfsson）
www.mattiasadolfsson.se

问题 **29**

尼安德特人灭绝的原因是什么?

尼安德特人是大约13万年到3万年前生活在欧洲和中东地区的人属种族(人属种族包括人类及其祖先)。这段时间内,最近一次冰河时代正处于最严重时期,而尼安德特人粗壮的体格能够很好地适应寒冷气候。有证据表明,他们拥有复杂的社会和语言。尼安德特人的灭绝是人类进化中最大的谜团之一。

究竟是什么原因导致尼安德特人的灭亡,目前存在几种不同的假说。其中一种假说认为,冰河时期结束时,反常的气候导致尼安德特人狩猎的森林变成草原,以致他们无法适应。另一种假说认为,大约5万年前,现代人类进入欧洲,他们身材更修长,语言更复杂,创造力更强,更擅长利用各种工具,最终在竞争中战胜尼安德特人。在开阔的平原上,现代人类更擅长狩猎。最后一种假说认为,尼安德特人并没有真正灭绝,至少没有完全灭绝。一项研究比较了尼安德特人化石的DNA与现代人类DNA,得出的结论是,欧洲人有1%到4%的DNA源自尼安德特人,说明古代人类与尼安德特人一起孕育了后代。

撰文:

艾利森·埃尔加特博士(Alison A. Elgart PhD)

美国佛罗里达湾岸大学,助理教授

绘图:

米克尔·萨默(Mikkel Sommer)

mikkelsommer.blogspot.com

问题**30**

怎样解释物种多样性的纬度分布格局？

众所周知，物种多样性会随着纬度降低而逐渐提升，每单位面积上的物种更多，例如，亚马孙河流域的物种要比北极苔原更加丰富。这种生物多样性分布格局，有时被称为物种多样性的纬度梯度。但为什么会出现这种现象？这是生态学中一个看似简单，却至今难以回答的问题。

19世纪，自然历史学家查尔斯·达尔文（Charles Darwin）、阿尔弗雷德·拉塞尔·华莱士（Alfred Russel Wallace）和亚历山大·冯·洪堡（Alexander von Humboldt）对南美和东南亚的热带地区进行探索，令他们感到震惊的是，与他们的故乡英格兰和德国相比，这些地区具有高度的生物多样性结构。早在20世纪，生态学家就已提出，较低纬度上物种更为多样，这是由土壤肥沃程度决定的。也就是说，一般认为热带土壤要比温带土壤更加肥沃，可以支持更多的生物群体。然而，现在我们知道这种理论并不正确，因为热带土壤几乎不含植物所需的可溶性矿物质。

关于这个问题，最近已提出多种假说。例如，一种经常被引用的理论是，低纬度地区的气候季节性变化不那么剧烈，环境更加稳定，从而使更多的物种容易适应。另一种理论认为，赤道上的太阳辐照度更强，因此整体上的净初级生产力[①]也更强，可以支持更丰富的物种多样性。还有观点认为，面积广大的热带森林覆盖了地球低纬度地区，能够支持范围广泛、数量众多的物种生存，从而减少物种灭绝的可能性。然而，分析了所有这些假说之后，并没有哪一种能够充分预测或有力解释物种数量的纬度梯度格局。怎样找到一种理论来解释全球生物多样性分布格局，目前仍是现代生态学中最具挑战性的目标之一。

撰文：

乔安娜·E. 兰伯特博士（Joanna E. Lambert PhD）
美国得克萨斯大学圣安东尼奥校区，教授

绘图：

洛塔·涅米宁（Lotta Nieminen）
www.lottanieminen.com

---

① 净初级生产力是在光合作用下产生的有机质总量中，扣除自养呼吸后的剩余部分，是生产者能用于生长、发育和繁殖的能量值，也是生态系统中其他生物成员生存和繁衍的物质基础。

是什么决定了灵长类动物社会群体的规模？

群体生活的好处很多。生活在群体中有助于防御天敌，因为每个个体都可以隐蔽在群体中，也有更多的眼睛一起警惕危险。群体生活在觅食方面也有优势，较大的群体可以一起合作保卫重要的食物来源，在争斗中战胜较小的群体，而且会有更多的个体去寻找食物。与独自生活相比，生活在群体中也能带来更多的交配机会，还可以一起照料幼崽。同时，群体生活的代价也是显而易见的。在较大的群体中，每个个体分到的食物往往要少于较小的群体，争夺食物的现象十分常见。较大的群体更容易落入捕食者眼中，也许其中的个体还更容易感染疾病。

群体生活的优势和劣势都显而易见，一个悬而未决的问题是，怎样预测灵长类动物种间群体①和种内群体②的规模。例如，森林山魈会生活在 500 只以上的大型群体中，而其他猴子，比如黑白疣猴，生活在 6 只到 12 只的小型群体中。还有一些灵长类是独自生活的，比如猩猩，伶猴则是和配偶一起成对生活。即使是同一种灵长类动物，群体规模也各不相同，从 20 只到超过 200 只都有可能。

灵长类动物群体的规模由什么因素决定，目前仍然是个谜。有一种观点认为，生态环境会限制群体规模，以至于在食物较少的地区，动物群体数目也较小，因为食物竞争限制了留在社会群体中个体的数目。另一种理论认为，如果一种灵长类动物的大脑新皮质③在整个大脑中所占比例较大，认知能力就更好，能够生活在更大的群体中，因为个体的认知能力越强，越擅长记住彼此、进行社交活动。还有一种理论认为，群体需要管理各方面时间分配，包括迁移、觅食、消化和社交活动所需的时间，这限制了群体的规模。也许是生态与社会因素相结合，共同影响了灵长类动物的群体规模。不幸的是，许多灵长类动物及其栖息地正在消失，我们需要尽快采取行动解开这个谜团。

撰文：

杰西卡·罗思曼博士（Jessica Rothman PhD）

美国纽约城市大学亨特学院，助理教授

绘图：

斯泰西·罗齐奇（Stacey Rozich）

www.staceyrozich.com

---

① 种间群体：不同物种生活在一起的种群。
② 种内群体：同一物种生活在一起的种群。

---

③ 新皮质是大脑皮质的一部分，位于脑半球顶层，仅在哺乳动物大脑中发现，与知觉、意识等高级功能有关。

问题**32**

灵长类动物为什么要摄入植物类固醇？

　　大多数灵长类动物（包括人类），很大程度上靠植物性食物来满足其营养需求。除了蛋白质、碳水化合物、油脂、维生素和矿物质之外，这些植物中还含有维持生物功能所必需的多种化合物。人类和其他灵长类动物可以利用某些化合物，比如咖啡因，改变生理机能和行为。有些植物化合物由于具有毒性，应当避免摄入。但人们为了营养价值而食用植物时，也会无意间摄入这些化合物。

　　有一类植物化合物，称为植物类固醇，有可能改变男性和女性的健康和繁殖。植物类固醇能够模仿内源性类固醇激素在灵长类动物体内的作用，从而改变其生理机能和行为。人类和其他灵长类动物经常食用含有植物类固醇的植物，比如大豆。在 32 个植物科的 300 多种植物中，已发现超过 160 种植物雌激素，只有这种植物化合物能够模仿内源性雌激素的作用。

　　牡荆属植物，就是一类含有类固醇的植物，作用于野生的雌性灵长类动物，能够在广泛的雌性灵长类动物身上产生明显的避孕作用。至于灵长类动物为什么会食用这类植物，人们所知甚少。也许，食用含有植物类固醇的植物，能够帮助灵长类动物改善健康或控制繁殖时机。此外，植物产生这类化合物，本身也可能从中受益，因为抑制动物的生育能力，就能减少食用植物的动物。在这种情况下，灵长类动物一般会避免食用此类植物，除非营养价值与繁殖方面的代价相比较，利大于弊。植物类固醇与灵长类动物内源性类固醇激素之间的相似性，有可能仅仅是化学上的巧合，对于植物和灵长类动物双方都没有明显益处。但这种激素方面的相互影响，也有可能在灵长类动物的生物机理中，发挥了某种长期被忽视的重要作用。目前，科学家们正对野生灵长类动物及其摄入的植物进行实地研究，希望能了解植物类固醇在灵长类动物相关生态与进化中的重要性。

撰文：

迈克尔·D.沃瑟曼博士（Michael D. Wasserman PhD）

加拿大麦吉尔大学，博士后

绘图：

奥利·蒂尔曼（Ole Tillmann）

www.ole-t.de

问题 **33**

我们为什么会变老？

我们希望随着年龄的增长不要变得衰老，但这是个无法实现的梦想。我们希望能一直健康地生活下去，但我们知道，人都会逐渐变老，我们的健康终究会恶化。在我们的一生中，细胞会出现各种各样不可修复的损伤和缺陷，损伤逐渐随机累积起来，导致生理组织逐渐丧失功能，从而引起衰老。既然这个星球上已经进化出多种多样的生物体、生活史①、生活方式，为什么我们无法进化到能够无限期保持健康状态（除非遇到意外事故、疾病、受伤）？

我们身上有一小部分不会变老。我们从父母那里继承的遗传物质，形成了连续不断的血统，把我们与无数代人以前、数十亿年以前地球上最早的生物连接起来。沿着这条古老链条传递下来的遗传信息是不会衰老的，但我们自己，作为遗传信息的载体，却只拥有短暂的生命。进化是一种强大的力量，但它的作用在于保证遗传信息能够通过复制传递下去，而不在于维持个体的寿命。人类进化的成果，是能够尽量抓住机会把遗传信息传递给下一代，而不是尽量延长某个个体的健康寿命。这两个目标虽然并非相互排斥，但仍然是完全不同的。

当然，我们细胞内的修复和校正机制如果能变得更加有效，就可以通过这些机制抵御衰老产生的负面影响。但简单来说，生物并不是朝这个方向进化的，因为我们以前和现在都生活在危险的环境中，外部充满了各种死亡风险（比如被狮子吃掉、在战斗中丧生、因疾病而去世）。在资源有限的情况下，为了更好地维持我们长久以来的血统，应该注重在生命中尽早繁殖，而非注重无限期维护细胞，对于许多因意外而缩短生命的生物来说，这样纯粹是浪费。

进化完全不会考虑人类的衰老问题，这个问题对于我们个人来说极其重要，但对于人类物种的成功延续来说无关紧要。我们需要把握机会，通过医学和科学进行有效干预，提高老年人的健康水平。

撰文：

康纳·劳利斯博士（Conor Lawless PhD）

英国纽卡斯尔大学，助理研究员

绘图：

阿塔克（Atak）

www.fcatak.de

---

① 生活史作为一个生物学概念，指的是物种的生长、分化、生殖、休眠和迁移等各种过程。

问题 **34**

什么是生物钟？

为了生存，生物必须能够适应环境变化。幸运的是，它们面临的最剧烈变动，同时也是一种最容易预测的变动：地球自转引起的昼夜循环。

各种多细胞生物，甚至一些细菌，都能通过一个称为生物钟的内部计时系统，来跟踪昼夜循环。为了最充分地利用阳光，植物会在黎明到来前把新陈代谢作用转变为光合作用。例如，有些植物会在一天内的特定时间打开或关闭叶子或花朵。植物的这些行动是内部决定的时间，而不只是对光线的变化做出反应，兰花如果每天打开一次叶子，即使把它放置在黑暗中，它也会继续在原来的时间这样做。在照明条件不变的情况下，动物的睡眠/觉醒周期会继续按照大约 24 小时的周期循环下去。但如果一直没有"授时因子①"（给时者）的影响，比如没有光线变化，生物钟也会逐渐不再与外界同步。我们尚未充分理解生物钟对于动物适应环境的意义，但人们目前已经了解，昼夜节律紊乱与某些人类疾病有关，如糖尿病和癌症。

市售的时钟依靠有节奏的振荡器运行，生物钟也类似。但生物体内的生物钟不是通过钟摆的摆动或石英晶体的振动计算时间，而是通过蛋白质浓度的振荡，这是经由复杂的内部连锁反馈循环来实现的。哺乳动物的昼夜节律取决于大脑深处的"主时钟"，但几乎体内每一个细胞也都有着自己的时钟。这数万亿个单独的时钟，如何与主时钟同步，能够实现怎样的功能，都还属于未知领域。

撰文：

约翰·欧内斯特·克拉茨博士（John Ernest Kratz PhD）

绘图：

同伴画室（Lab Partners）

www.lp-sf.com

---

① 授时因子，指能够对生物钟造成影响的环境刺激因素。

问题 **35**

我们为什么要睡觉？

什么是睡眠？按照传统定义，我们通过以下特征判断动物是否在睡觉：（1）随意肌①不活动；（2）对典型外部刺激缺乏反应（缺乏意识）；（3）处于典型睡眠姿势（例如卧姿）；（4）受到强烈刺激可以迅速从无意识状态中醒来。根据这些标准，科学家们确定，所有的动物——哺乳类、鸟类、鱼类、爬行类、两栖类，甚至无脊椎动物——都会睡觉。据我们所知，在整个动物王国中，睡眠具有普遍性，是动物生命中不可或缺的一部分。但是，为什么？

最近，科学家们通过研究被剥夺睡眠的动物会出现怎样的情况，才逐渐找到这个问题的答案。被剥夺睡眠的动物体内，在分子水平上会发生一种称为"非折叠蛋白反应"的现象。如果睡眠不足，作为动物身体组织构建模块的蛋白质，将无法维持结构完整性，或者说将变成"非折叠"状。非折叠蛋白质在动物细胞内逐渐累积，聚集成团块，毒性越来越强。细胞中如果塞满了非折叠蛋白质，会逐渐失去执行必要功能的能力。如果动物被无限期剥夺睡眠，就会死亡。但如果动物被剥夺睡眠一段时间之后终于可以睡觉，一种特殊的"净化"分子将促使非折叠蛋白反应逆转。从本质上来说，睡眠是一个预防和修复细胞损伤的维护过程。

撰文：

约翰娜·弗里曼（Johanna Freeman MS）

理科硕士

美国佛罗里达州鱼类和野生动物保护委员会，野生生物学家

绘图：

卡米拉·恩格曼（Camilla Engman）

www.camillaengman.com

---

① 随意肌是指受躯体神经系统直接控制，可以随意志而运动的肌肉。反之，不随意肌是指不受意志控制的肌肉。

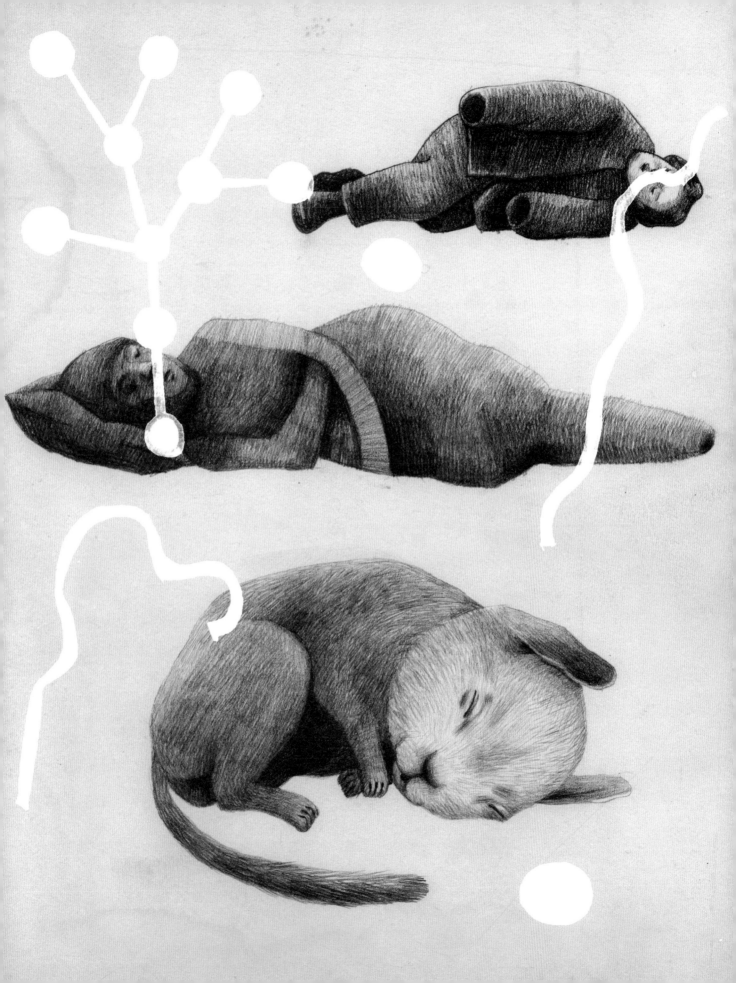

问题 **36**

我们为什么会做梦？

梦是一种很奇怪的东西——是我们的夜间生活中充满情绪、栩栩如生的一部分，这时候，清醒世界中的规则并不适用。大多数梦发生在睡眠过程中一个称为REM（快速眼动）的关键阶段。在快速眼动阶段，大脑的活动与清醒状态非常相似。但即使神经细胞十分活跃，传达给脊髓的信号却是抑制性的，使身体基本保持不动。

科学逐渐揭示快速眼动睡眠期间发生了什么，但我们为什么会做梦仍然是一个谜，不同学科的很多科学家致力于研究这个问题。早期关于梦的心理学理论，强调潜意识冲突。在梦中，通过象征性的事物展现出压抑的冲动或禁忌的欲望。当代研究表明，梦有可能在人类成功进化的过程中起到了重要作用，比如，把当天新的记忆整合到长期存储中，

或者让我们有机会面对模拟的威胁练习怎样做出反应，而不会有任何实际安全风险。

另一种著名理论认为，梦来自大脑中时刻需要处理和诠释的感官信息（就像白天那样）。神经影像学技术的突破进展表明，做梦时，大脑中的视觉和运动区域比较活跃，而理性思考中心（前额叶皮层）则不太活跃。各种信号在整个视觉区域内随机闪烁，前额叶皮层竭力让这些混乱的感官信息恢复秩序，这也许可以解释为什么在梦中一切都是合理的，比如我们前一刻还在森林中行走，后一刻已经进入城市。我们对于梦及其功能的科学认识，还远远不够完善，但也许我们的意识希望无视逻辑推理来诠释大脑随机浮现的思维火花——正是这种火花，使我们在晚上可以无视重力定律、自由飞翔。

撰文：

布雷特·马罗金（Brett Marroquin MA,MS,MPhil）

文科硕士、理科硕士、副博士

美国耶鲁大学，博士研究生

绘图：

尹珠熙（Joohee Yoon，音）

www.jooheeyoon.com

问题**37**

我们为什么会打哈欠？

打哈欠是一种常见的人类行为，几个世纪以来，对于哈欠的作用，有科学的推测，有迷信的说法，也有社会习俗方面的解释。虽然各种解释存在一定共同点，但打哈欠具体会产生怎样的效果，在很大程度上仍然是个谜，相关研究人员就此展开激烈的争论。针对打哈欠的生理作用，人们对很多假说进行了实验，例如增加脑部供氧、清醒、释放中耳压力、让大脑冷静。体温调节理论最近获得了一定支持，但仍然存在争议。关于打哈欠的其他生理作用，目前正反两方面的证据都尚不充分。

虽然打哈欠会产生怎样的效果仍然是个谜，但是诱发因素则比较容易确认。

困倦是打哈欠的一种常见诱发因素，但令人惊讶的是，出现最频繁的诱发因素是社会感染[①]。打哈欠是会传染的，这似乎取决于打哈欠那个人的社会交往技能。人们只在少数动物群体中发现了打哈欠传染的现象，包括黑猩猩，也许还有狗。虽然已经观察到，人类在子宫里就会自发地打哈欠，但五岁之前的儿童，或者存在社交障碍的个体（如精神分裂症患者和自闭症患者），都不会出现传染性的哈欠。科学家们认为，个体对于传染性哈欠的敏感性，与其移情能力[②]有关，打哈欠与大脑中掌管情感和社会行为的区域存在联系，进一步支持了这一观点。

对于"我们为什么会打哈欠"这个问题，也许可以回答：打哈欠是因为我感情丰富。

撰文：

丽贝卡·C.伯吉斯博士（Rebecca C. Burgess PhD）

美国国立卫生研究院，博士后

绘图：

诺兰·亨德里克森（Nolan Hendrickson）

www.nolanhendrickson.com

---

① 社会感染是人类社会中普遍存在的一种影响方式，个体通过语言、文字、表情、动作和其他方式引起他人相同的情绪或行为的信息传递过程。

② 移情能力是设身处地理解他人感受的一种能力。

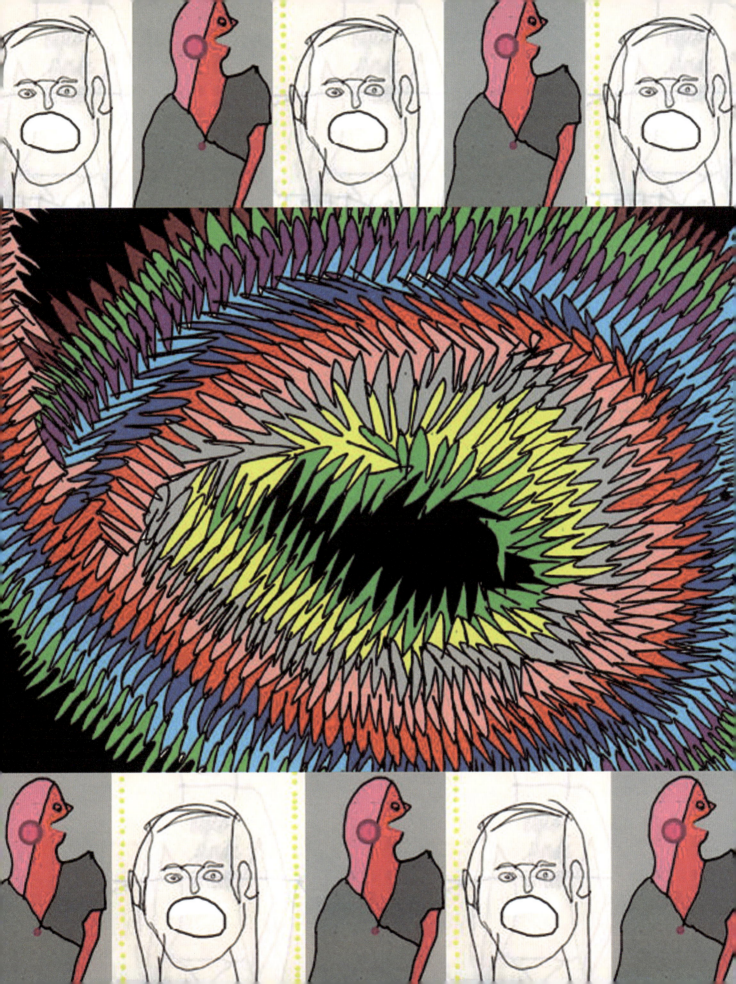

问题**38**

我们为什么会打嗝？

屏住呼吸十秒钟。倾斜玻璃杯从上侧的边沿喝水。让别人吓你一跳。按压你的眼球。在你上一次打嗝时，也许曾有人建议你使用这些民间偏方中的某一种。止住打嗝的小诀窍有很多，但首先，我们为什么会打嗝？当我们打嗝时，膈肌——也就是胸腹腔之间控制呼吸的肌肉——会不由自主地痉挛，空气突然被迅速吸入肺部。此时声带会关闭以阻止空气流动，从而产生打嗝的声音。没有人知道究竟是什么触发了膈肌痉挛，很可能是由于连接肌肉的神经受到刺激，或者大脑中控制呼吸的部分发出信号。

一些科学家推测，与人类打嗝有关的神经回路，是进化留下的痕迹，我们的两栖类祖先在处于蝌蚪阶段时，通过类似的动作协助鳃的呼吸。科学家推断，人类一直保留这种神经，也许是因为处于哺乳期的婴儿能够从中获益，婴儿必须同时控制呼吸和进食的节奏。

有些无害的日常事物会引起打嗝，包括饮用碳酸饮料、进食辛辣食品、意外吞咽空气。一些较少见的更严重事件包括呼吸系统疾病、腹部病症，甚至脑肿瘤，也会引起打嗝。增加血液中二氧化碳的含量有助于抑制打嗝，这就是为什么打嗝时往往有人告诉我们屏住呼吸，或者对着一个袋子呼吸。除此之外，也有研究表明，吃糖能够有效治疗打嗝。那么，下一次打嗝时，你会去拿一个纸袋，还是一勺糖？

撰文：

吉尔·康特（Jill Conte MA）

文科硕士

绘图：

戴夫·扎茨基（Dave Zackin）

www.davezackin.com

问题 **39**

我们为什么会脸红？

脸红是一种相当常见的人类反应。然而，没有人确切知道这种现象为什么会发生，以及怎样发生。脸红表现为皮肤表面附近血流增加，引起皮肤不由自主、难以控制地发红或发黑，所谓"脸红区"包括：脸部、耳朵、脖子，偶尔还有胸口上部。

不同于一种全身出现的类似现象"潮红"，脸红是一种情绪反应，一般与尴尬、羞耻、自我意识、外界关注这类社会经历有关。皮肤内血管壁的肌肉放松，允许更多血液流动时，就会出现皮肤色调红润或变暗的现象，也就是脸红。有意思的是，与身体其他部位相比，脸红区的皮肤含有更多的血管。同时血管也更粗大、更接近表面，这也许意味着生理、情感和社交之间存在一定关联。虽然我们已经知道，皮肤的血液循环由交感神经系统控制，作用在于供给细胞养分、调节表面体温，但具体通过怎样的机制启动这个过程，从而引起脸红，目前仍处于未知中。关于人为什么会脸红，存在很多种理论。

有些人认为脸红只是一种表情，本身不具备什么功能，也有些人认为，脸红是一种非语言沟通的形式，是认识到违反了社会规范并对此表示歉意的信号。精神分析理论认为，一个人压抑吸引他人注意力的表现欲望时，会产生脸红这种外在现象。还有一些理论认为，脸红代表着屈服（尤其是当伴随着类似动作时，如移开目光、紧张的微笑），可以缓和对他人潜在的侵略感。此外，脸红也可能是逃跑反应中止后，血液从肌肉返回所产生的反弹效应。或者，我们脸红也许就是因为担心自己脸红：意识到自己在脸红，会产生一种反馈循环，反而加剧脸红的现象。关于脸红讨论了这么多，你脸红了吗？

撰文：

吉尔·康特

文科硕士

绘图：

吉尔伯特·福特（Gilbert Ford）

www.gilbertford.com

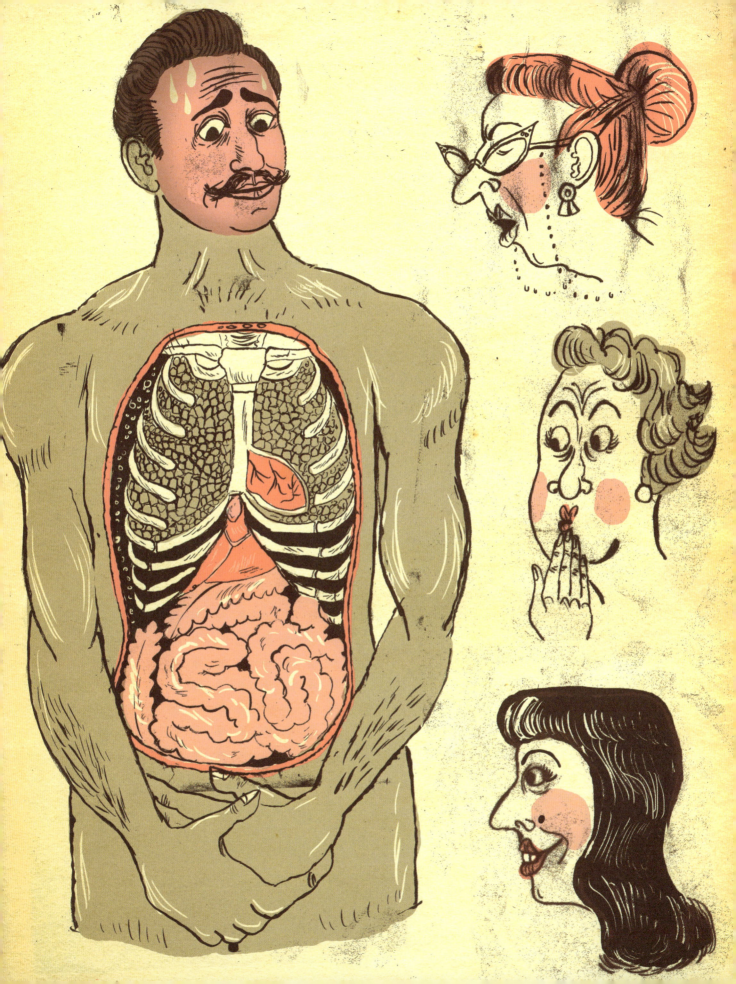

问题 **40**

引起抑郁症的原因是什么?

每个人都经历过哀伤与悲痛,但并不是每个人都会患上临床抑郁症,这种病症不仅会引起极度悲伤,还会导致睡眠和饮食习惯产生变化、难以集中注意力、身体动作迟缓或混乱、无法感受到快乐。抑郁症是现代临床科学中研究最多的疾病之一,但人们目前仍未完全了解其产生原因。

早期心理学理论对于抑郁症的看法,不再像科学不发达的年代那样认为与恶魔或"体液"不平衡有关,而是强调潜意识冲突引起神经官能症。过去半个世纪中,科学家们着重研究这种疾病的行为、认知和生物学原因。在动物和人类身上进行的行为学研究表明,个人行为与周围环境的反应(例如奖励或惩罚),可能经由基本学习机制导致抑郁症。认知方面的研究表明,人们在世界上所关注信息的不同,以及处理信息方式的区别,将决定刺激最终是否会导致抑郁症。而生物学研究显示,抑郁症与神经递质(神经元传递信息的化学物质)的功能紊乱有关。抑郁症的大多数现代药物疗法都是以这个方向为目标。

虽然科学上对于抑郁症的了解已经有了显著进展,但人们还不清楚所有这些因素怎样彼此关联。目前已发现,某些基因与抑郁症有关(多数是因为这些基因能够控制神经递质),但似乎只有此类基因与早期生活压力相结合时,才会真正引起抑郁症。事实上,压力本身似乎会通过荷尔蒙机制改变大脑的解剖构造,收缩在认知和抑郁方面起到重要作用的神经结构,甚至"打开"或"关闭"基因。抑郁症的最新科学研究采用了一种跨学科的"生物心理社会"方法。遗传、神经化学、心理和环境因素都会彼此影响,科学界对于抑郁症这一复杂问题的了解才刚刚起步。

撰文:

布雷特·马罗金

文科硕士、理科硕士、副博士

美国耶鲁大学,博士研究生

绘图:

马克斯韦尔·霍利约克—伊尔希(Maxwell Holyoke–Hirsch)

www.lorenholyoke.com

问题 41
出现自闭症的原因是什么？

　　自闭症是一个涵盖性术语，指的是一类广泛性发育障碍，会影响很多系统的发育。自闭症群体出现的明显问题包括：沟通和社交发育迟缓、兴趣受限、难以处理感官信息。自闭症的发病率约为每110个活产婴儿中出现1例，全世界有数千万人受到影响。专家们认为，自闭症患者人数目前呈上升趋势，但其原因仍属于未知数。

　　科学界普遍认可，自闭症存在遗传因素——父母或兄弟姐妹患有自闭症的儿童，本身患上自闭症的风险也较高。然而，仅仅凭借遗传学不足以解释为什么会出现自闭症。人们普遍相信，自闭症是遗传和环境因素相互作用的结果。相关环境风险因素包括农药、病毒、日用品中的化学成分、某些疫苗中的稳定剂、分娩过程中氧气不足、孕妇服用某些药物，以及环境污染。（此处只列出自闭症研究中讨论的多种环境因素中的一部分，且其中很多极具争议性。）然而，正如自闭症是一种异质性疾病[①]，会表现出广泛多样的症状，病情严重程度也有所不同，专家们一致认为，自闭症不是由单一原因引起的。

　　有一种说法是，如果你见到一个自闭症患者，你只是见到了其中"一个"自闭症患者。因为他们全都各不相同。这一说法同样可以应用于这种疾病的病因：如果你找到了引起自闭症的一项原因，你只是找到了其中"一项"原因。

撰文：

杰西·斯特劳斯（Jessie Strauss MS,OTR/L）

理科硕士，认证注册职业治疗师

美国纽约市教育局

绘图：

索菲娅·马丁内克（Sophia Martineck）

www.martineck.com

---

　　① 异质性疾病是指，对于某种疾病，未发现统一的病因与机制，每个患者的发病机理都多多少少存在差异，遗传和环境因素的作用也各不相同。

问题**42**

安慰剂为何会产生效果？

安慰剂令科学家们感到困惑。这些无害的药丸、药剂，或治疗方法，更多的是为患者带来心理上的益处，而非起到生理上的效果，有时也用作测试新药时的对照组。虽然人们不明白安慰剂为何会起效，但它们往往就是能产生效果。对这个问题的解释，基本集中于"精神高于物质"的理念。

对于安慰剂的效果，一种主要解释是，患者期待安慰剂能够起效，从而导致大脑的活动、化学成分发生变化，或二者皆而有之。有研究结果表明，患者在不知情的情况下摄入有效的止痛药，效果反而不如在预期有效的情况下摄入安慰剂，进一步支持了这种理论。

但关键是要注意，安慰剂对致病的病原体不会产生效果，只在大脑起到重要作用的情况下有效。例如，安慰剂治疗癌症或流感不会产生明显效果，而应用于抑郁、疼痛、体重超重的问题，会取得可观的成果。这说明大脑在患者恢复的过程中起着重要作用。

在我们能够更好地理解安慰剂的效果之前，对于安慰剂为何会起效的问题，最好的答案是，因为我们希望它们能产生效果。

撰文：

萨拉·福克斯博士（Sara Fox PhD）

美国赛普拉斯费尔班克斯独立学区，生物学与法医学教师

绘图：

佩内洛普·杜拉甘（Penelope Dullaghan）

www.penelopeillustration.com

问题 43

是什么引起了青春期发育？

青春期是人类经历的最尴尬的人生阶段之一。声音发生变化、在滑稽的新位置长出毛发、青春痘肆虐、开始依赖腋下除臭剂，都是这个阶段的典型现象，没有人能够幸免于青春期的尴尬。不过，究竟是什么引起了青春期——从儿童转变为成人，开始具有生殖能力？要使青春期的苦恼来临，大脑下丘脑部位必须开始产生 GnRH（促性腺激素释放激素），女孩在 10 岁左右，男孩 12 岁左右。GnRH 促使内分泌发生级联反应①，从而使身体迅速成长，出现毛发和第二性征。（这些孩子多幸运！）

目前尚不明确是什么导致这些带来混乱的 GnRH 脉冲开始出现。对于身体释放 GnRH 的时间，遗传大概起到一半影响。饮食会导致青春期开始的时间不同，例如，营养不良的儿童往往发育较晚。饮食不合理会使体内缺少瘦素（Leptin），这种激素由脂肪组织释放，可能促进青春期开始。人种和种族差异同样会影响青春期开始的年龄。甚至有人认为，海拔高度也有所影响。有些人担心环境污染，如塑料中的双酚 A 或饮用水中的雌激素，可能会促使发育加速，导致青春期出现的时间更早。也许最有意思的是，社会因素、压力和家庭环境也会产生一定影响。例如，家里与亲生父亲同住的女孩，往往月经初潮较晚。因此，目前仍不清楚青春期开始的时间究竟取决于什么（或者谁）。

撰文：

艾伦·史密斯（Ellen Smith LT,NP–C,WHNP–BC）

LT、认证执业护师、妇女健康护理委员会（认证）

美国公共卫生署，执业护师

绘图：

瓦妮莎·戴维斯（Vanessa Davis）

www.spanielrage.com

---

① 级联反应是指，在一系列连续事件中，前面一种事件能激发后面一种事件的反应。

青春期

我身上的一切都在变化，我甚至没想到这是因为青春期，这很难应对。

当然，我妈妈明白这一切。

我看起来好奇怪，也许带子太紧了？

我想周五我们应该去罗德泰勒百货店给你买个胸罩。

什么?!

我想我应该开始多涂一些可可脂，于是我就这么做了。

在学校里，我会穿上一件白T恤，于是所有人都能看到我变得多么成熟高雅。

我想这就是我现在的生活。

啊，这个夏天你变化好大！

问题 44

人类会利用信息素吗？

人类会利用信息素[1]吗？这是个尚无定论的问题。很多生物利用气味作为一种无声的沟通方式。一些哺乳动物发出气味作为希望交配的信号，以寻找合适的配偶。人们已经知道，昆虫利用化学信号作为警报，警告其他昆虫附近有捕食者。人们甚至还发现一些植物受到伤害时会释放气味信号，促使周围的植物生成苦味化合物，尽可能让饥肠辘辘的草食动物没什么胃口。

对于哺乳动物的信息素，大多数研究针对啮齿类动物的嗅觉系统。老鼠的鼻子里有两个单独的嗅觉区域，用于确定食品位置的一般嗅觉系统非常类似于我们人类，但它们鼻腔内还有一个单独的解剖区域，称为犁鼻器，用于探测信息素，确定交配行为。

我们知道，如果人类失去了嗅球[2]，就会失去闻到气味的能力，以及一大部分品尝食物的味觉，因为我们的味觉其实大部分是基于气味的。如果老鼠失去了犁鼻器，会发生什么？

在 2007 年的研究中，哈佛大学的分子神经生物学家凯瑟琳·杜拉克（Catherine Dulac）发现，切除小鼠的犁鼻器会改变其性别特点的行为。没有犁鼻器的雄性小鼠，性别辨识力变弱，雄性之间的攻击行为减少。雌性小鼠身上的结果更加惊人。令人印象深刻的是，切除犁鼻器而发生突变的雌性，会表现出雄性小鼠的性别特点以及求爱行为特点，比如爬上其他动物后背的交配姿势、前后摆动胯部、调情、嗅探肛门生殖器，以及对同类的雄性和雌性小鼠发出复杂的超声波叫声。这些小鼠不再摆出一般雌性接受性行为时的塌腰耸臀姿势，反而会爬到附近任何其他小鼠的背上，无论雄性还是雌性。

迄今为止，人类体内尚未发现类似于犁鼻器的结构，但有证据表明，我们的性行为，甚至生殖能力，都会受到气味的影响，而且已经有很多产品尝试利用这种能力。虽然有些令人印象深刻的产品广告标榜含有信息素，但杜拉克在小鼠身上看到的那种气味引起的性行为变化，我们还没有在人类身上看到同样的现象。人类依赖很多更高层次的信号——从喝咖啡时的谈话到情趣内衣，来调整我们的性行为。但谁知道呢，也许几年之内，新的性革命距离我们仅仅一嗅之遥。

撰文：

阿比盖尔·科恩（Abigail Cohen）

德雷塞尔大学医学院

绘图：

马克·穆罗尼（Mark Mulroney）

www.markmulroney.com

---

① 信息素，动物释放的化学物质，能影响或吸引其他同类生物的行为。

② 嗅球是指脊椎动物大脑中参与嗅觉的部分，用于感知气味。

问题 **45**

性取向是天生的吗？

各种各样的性吸引力和性行为，包括同性恋的性取向，其相关记录贯穿了整个人类历史，同样也出现在非人类的物种中。性取向是天生的还是在社会中发展出来的，这方面的讨论有着悠久的历史，至今仍然是一个悬而未决且争议颇大的科学问题。

针对双胞胎进行的研究，为性取向存在遗传因素提供了证据。同卵双胞胎（基因 100% 一致）与异卵双胞胎或非双胞胎的兄弟姐妹（基因 50% 一致）相比，如果其中一人是同性恋者，另一人也是同性恋的可能性更高。但从进化的角度来看，同性恋行为似乎是一个悖论：自然选择为何会允许这种有利于无生殖性行为的基因传递下去？一种有名的解释是"亲缘选择①"，同性恋自己生儿育女的机会较少，更愿意帮助与他们具有同样基因的侄儿侄女等晚辈，从而增加了自己的基因被传递下去的机会。另一种理论认为，某些基因使男性产生同性恋倾向的同时，也使女性的生育能力增强，长期看来，增加了整个家族的基因遗传下去的可能性。

一些科学家认为，同性恋者和异性恋者之间的其他生物学差异，也显示出了"先天"因素的迹象。例如，一些研究表明，同性恋和异性恋男人在大脑结构上存在一定差异。（女性此方面的证据较少。）但即使这些生物学发现具有良好的重现性，也不一定意味着性取向是天生的。例如，也有证据表明，大脑解剖学上的差异受到怀孕期性激素水平的影响。

遗传因素也会影响更普遍的特征（例如生理激发水平），而这些特征在个人成长过程中会进一步影响其他方面，包括同性恋或异性恋的性取向。针对性取向进行的科学调查目前仍处于早期阶段且存在争议，但科学家们越来越怀疑，性取向与很多其他社会行为一样，也是先天因素和后天环境因素相结合的产物。无论是否会发现明确的"同性恋基因"，在这项争论得到解决之前，生物学和社会学两方面都还有很多工作要做。

撰文：

布雷特·马罗金

文科硕士、理科硕士、副博士

美国耶鲁大学，博士研究生

绘图：

伊迪·费克（Edie Fake）

www.ediefake.com

① 亲缘选择是指生物的亲缘利他行为及其基因机制，亲缘关系越近，彼此合作的倾向和利他行为也就越强烈；亲缘越远，则表现越弱。

一个同性基因

问题**46**

我们为什么会有阑尾？

　　科学家们对于人类阑尾及其功能的进化起源，还没有达成统一意见，但对于人类为什么会有阑尾、阑尾能做些什么，已经总结出了好几种理论。阑尾可能是一种发育不全的器官，人类祖先的饮食中植物比肉类更多，当时需要更发达的盲肠（发达的大肠上一段袋状的部分）来消化植物纤维，阑尾就是这段盲肠的残留部分。很多现代草食动物具有发达的盲肠，这一事实构成了此项理论的基础。

　　有些人认为，对于现代人类来说，阑尾起不到任何作用，另一些人认为，阑尾中藏有对大肠有益的微生物。当消化系统出现问题时，比如腹泻，大肠菌群受到破坏，可以依靠阑尾的微生物重新补充菌群。阑尾也许还能为免疫系统带来帮助，因为它含有大量的淋巴组织，这是免疫系统的重要组成部分。然而，阑尾本身的免疫作用目前仍属未知。

　　科学家们正针对人类和许多非人灵长类动物的阑尾开展研究，分析其特点和结构，从而探索阑尾的起源和功能。

撰文：

海伦·A. 马尔凯维奇博士（Helen A. Markewich PhD）

绘图：

帕特里克·凯尔（Patrick Kyle）

www.patrickkyle.com

问题 **47**

我们为什么会有指纹？

多年以来，人们普遍相信，人类进化出指纹是因为这样有利于抓握各种物体表面，尤其是在攀爬动作中。这就是为什么我们与大多数灵长类动物，以及其他树栖和水生哺乳动物一样，都具有这种特征。这种理论的基础在于粗糙表面比光滑表面的摩擦力更大，从而更容易抓握。然而，这种常见解释目前受到了质疑，近期研究表明，施加一定压力让传感器与干燥表面接触，粗糙的传感器（有指纹）与光滑的传感器（无指纹）相比，接触面积更小，从而摩擦力也较小。这一争议性的结果意味着在特定条件下，指纹其实不利于抓握。

可以确定的是，指纹有助于抓握湿润的表面。指纹上的凹槽，使手指和接触物表面之间的水能够流走，不至于形成湿滑的水膜。这种湿润表面的理论进一步扩展，可以解释我们的指尖接触到太多水时，为什么会变得皱巴巴：凹槽进一步加深以增强排水效果。

对于人类感受纹理的能力来说，指纹同样是不可或缺的。以粗糙材料覆盖的传感器（有指纹）在表面上划过时，明显会比光滑材料覆盖的传感器（无指纹）在同一表面划过时产生更多的振动。由于指尖的比表面积[①]较高，负责感受压力和振动的神经末梢，也就是环层小体的密度也较高。我们用手指划过表面，体会振动的变化，就能感受到纹理的细微变化。

撰文：

德鲁·赖特（Drew Wright MS）

理科硕士

美国康奈尔医学院，研究馆员

绘图：

诺拉·克鲁格（Nora Krug）

www.nora-krug.com

---

① 比表面积是指单位重量物体的表面积大小。

生 存 的 艺 术

问题：我们为什么会有指纹？

图 1：支持攀爬

图 2：抓住湿润表面

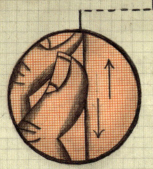

1a 局部

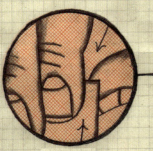

3a 局部

图 3：感受纹理

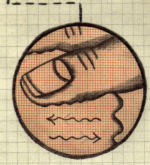

2a 局部

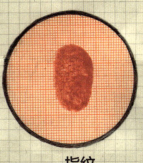

指纹

问题 48

人类为何具有学习语言的能力？

虽然很多动物都能彼此沟通，但人类是目前已知唯一有语言的生物。只要有恰当的条件，在语言发展关键时期（从出生到大约8岁）接触到某种语言，每个人都能学会这种语言。孩子们首先学习语言中最小的部分——音素，比如"pu""bu"，以及其他构成语言的音节。然后学习语素，也就是词语中有意义的部分，比如"不快乐"中的"不"。最后，学习怎样把所有这些要素组合到一起，构成词汇、短语和句子。除了口头语言和书面语言之外，人类也能创造和学习符号语言，符号语言同样具有自身的语法。

但人类为何具有学习语言的能力？最早一种理论是语言学家诺姆·乔姆斯基提出的，认为每一种语言都是基于通用的语法，人类已经进化出天生的学习语言的能力。换而言之，虽然各种语言表面上看来不同，但所有的语言在根本上都是类似的，人类学习语言的能力是与生俱来的。但迄今为止，还没有人能证明通用语法的存在，在语言学领域内，对这种理论也存在很多争议。一些语言学家认为，人类学习语言的能力并不是天生的，仅仅是通过模仿自己听到和看到的内容来学习语言。另一些语言学家认为人类的能力不止如此，人们的语言并非模仿别人，每个人都会分析自己听到的语言，确定语法规则是怎样的。

研究人员们针对正在学习语言的人和存在沟通障碍的人进行研究，希望进一步了解语言。关于人类怎样学习语言的问题，也许永远找不到答案，但既然我们已经学会了语言，不妨使用语言来讨论这个问题。

撰文：

丽莎·特林克莱（Liza Trinkle MEd）

教育学硕士

绘图：

杰洛米维尔（Jeremyville）

www.jeremyville.com

问题 **49**

树木会彼此交谈吗？

　　树木不会使用词语或文字交谈，它们之间的沟通交流，很可能不像与好友长谈那样引人入胜，但它们能够彼此发送信息，互相帮助，日复一日努力生存。人们对于树木的很多沟通方式早已有所了解，而且并不需要复杂的解释：如果一棵树比它的邻居们长得更快、更高，那么等于是在告诉它们，要么长高，要么向别处长。你会看到邻近的树木听到并理解了这条信息：为了获得阳光，它们从较高树木的树荫下向侧面探出分枝，或者让枝条伸向更高的地方，努力克服高大树木带来的影响。

　　也有些树木会通过更巧妙、更狡猾的方式进行沟通。入侵北美的红柳或称柽柳，会从土壤中吸收盐分和水分，起先存储到枝叶中，最终存储在周围的表层土中。这个过程导致表层土含有高浓度的盐分。红柳能够耐受这种含盐表层土，但大多数其他植物都不能，这就导致当地植物多样性减少。创造这种盐分环境的过程中，红柳传达出的信息是，只有同类植物才能成为它的邻居。

　　在各类蒿属植物中，可以观察到另一种不同的、更加合作的沟通方式。近期研究表明，如果某一株蒿属植物受到草食动物的压力，会产生次生化合物[1]，让自己的叶子对觅食的昆虫来说不那么可口。更有意思的是，附近的同种植物如果能感应到这种次生化合物，与没有感应到的植物相比，叶子损伤更少。此项研究表明，植物面对危险迫近会互相警告。人们最近发现，植物的沟通系统相当复杂，树木肯定还能通过更多的方式彼此交谈。

撰文：

诺厄·格林伯格（Noah Greenberg）

赖特水工程有限公司，湿地科学家和生态学家

绘图：

莉尔·卡雷（Lilli Carre）

www.lillicarre.com

---

　　① 次生化合物即植物次生代谢产物，是植物在长期进化中对生态环境适应的结果，具有多种复杂的生物学功能，在处理植物与生态环境的关系中起着重要作用。

问题 **50**

树木可以活多久？

　　巍巍大树经常令我们惊叹：那棵树像哨兵一样站在这个地方多久了？答案也许长得惊人。美国加利福尼亚州白山上就有个很好的例子，一棵树干粗糙扭曲的狐尾松已经4800多岁了。树木长寿的秘密是什么？首先，阴凉干燥的气候能够防止真菌侵袭树木使之衰弱；其次，狐尾松木质致密、树脂丰富，能够有效抵御病原体。另一棵巨大的红杉同样令人印象深刻，年龄已经超过3200年。有利的气候条件、耐久的木材和树皮，能够防止树木的病虫害和火灾，成为影响树木长寿的可能性。

　　还有另一种形式的长寿。如果一棵树可以自我克隆，当树干被砍断时从根部萌发新芽呢？白杨树不像巨型红杉和狐尾松那样，每一棵树的基因都独一无二，一片成千上万的白杨树，也许都是同一个生物体。一个巨大的白杨克隆群体被称为"潘多"（Pando，拉丁语中的意思为"我的扩展"），科学家估计其年龄已超过8万岁。虽然有些研究人员相信，随着年龄的增长，生物的克隆能力会减弱，但另一些人认为，在适当的条件下，克隆可以使生物本身永远延续下去。

撰文：

查尔斯·A.诺克博士（Charles A. Nock PhD）

加拿大魁北克大学蒙特利尔分校，博士后

绘图：

贝卡·斯塔特兰德（Becca Stadtlander）

www.beccastadtlander.com

问题 **51**

为什么有些植物吃动物？

　　我们一般认为，植物是和平、安静的生物，依靠水、阳光和偶尔施加的化肥就能欣欣向荣地成长。我们也许会把植物视为食物、衣料的来源，或者仅仅视为装饰品。但有些植物其实不像想象中那么合作，它们进化出复杂的机制，可以捕捉和消化原生动物①、昆虫，甚至小型无脊椎动物。这种机制可以是被动的，比如茅膏菜和猪笼草上粘黏或光滑的部位；也可以是主动的，比如捕蝇草和貉藻会突然关闭叶片。事实上虽然对于植物来说，肉食性肯定是一种不寻常的特征，但这种进化适应也并非极其稀有，好几条植物谱系中都独立进化出了这类植物。这些不同物种的食肉植物，为什么会进化出，以及怎样进化出捕食"更先进"生物的能力，目前仍然是个谜。

　　由于许多食肉植物都是在沼泽和湿地中发现的，有一种理论认为，它们面对贫瘠、不利于光合作用的沼泽环境，被迫进化出这种应对机制。但我们还不是很确定，植物在进化中怎样逐步变化，最终形成食肉性这种进化适应特征。狸藻的叶尖要怎样变异才能具有足够的优势，开始进化出真空捕食的能力？又是怎样同时进化出食肉植物所必需的消化液和代谢过程？一言以蔽之，有些植物颠覆了它们作为无害食品的传统声名，反而开始扮演一种更加具有侵略性的角色。

撰文：

玛格丽特·史密斯

文科硕士，图书情报学硕士

美国纽约大学，物理科学图书馆

绘图：

吉姆·斯托特（Jim Stoten）

www.jimtheillustrator.co.uk

---

　　① 原生动物是动物界最原始的一门，由单细胞所组成，包括变形虫、疟原虫、纤毛虫等。

问题52

是否存在永生不死的生物？

　　我们不清楚有多少种永生不死的生物尚未被人类发现，它们延长寿命的关键又是什么，但有些生物似乎真的可以永远存活下去。最近，科学家们发现了一个芽孢，已经在盐晶体内生存了大约2.5亿年。（芽孢是某些细菌的一个生长阶段，使细菌能够保持休眠状态直到环境条件适宜成长，这样的环境条件可能在数百万年之后才会出现。）科学家们只要谨慎细心处理，就能从晶体中提取出芽孢，让细菌复活。在这个微生物休眠的时间中，地球上巨大的陆块形成了大洲，恐龙出现继而消失，第一朵百合花盛开，生物进化中发展出现代人类。如果芽孢没有受到打扰，完全可以继续生存2.5亿年，这个微小的生物，基本可以说是永生不死的。

　　灯塔水母，是一种生活在加勒比海水域的水母，整个身体能够反复再生，成熟后再次恢复到不成熟状态，从而真正实现永生不死。科学家还不清楚灯塔水母怎样实现这种不可思议的年龄逆转，以及为什么不是一直这样做。触发开关的可能是环境变化，也可能是某一种基因。

　　为什么有些细菌和水母可以一直存活下去？从这些永生不死的生物身上，也许能够找到解开人类死亡之谜的线索。

撰文：

朱莉·弗雷博士（Julie Frey PhD）

康宁公司，高级工艺工程师

杰西卡·罗思曼博士

美国纽约城市大学亨特学院，助理教授

绘图：

史蒂文·瓜尔纳恰（Steven Guarnaccia）

www.stevenguarnaccia.com

海里最老的长辈

The Old Men of the Sea

Dr Etzold + S Guarnaccia

1.海月水母 2.地中海金水母 3.袋状灯水母 4.根口水母 5.锥形高杯水母

问题 **53**

为什么有些水下生物会发光?

在夜晚走近海洋,你也许会看到周围的海水闪闪发光。我们能享受光芒环绕的海滩漫步之旅,多亏了会发光的沟鞭藻。人们曾经认为,生物性发光,即生物体通过化学反应(荧光素酶促进氧气和荧光素相结合)产生光线,是非常不可思议的,但这种现象在海洋生物中其实相当普遍,从细菌、藻类、软体动物和水母,到甲壳类动物、乌贼和鱼类都可能出现。这也许是地球上最常见的沟通方式,但很多物种发光的确切目的,目前仍处于未知中。蝰蛇鱼头上长着发光的头灯,可以打开、关闭和收回,从而可以通过某些科学家们尚未破译的方式进行沟通。和很多其他鱼类一样,蝰蛇鱼并非亲自制造光芒,而是在发光的器官中存储发光细菌。

理论上,生物发光可应用于捕猎、防御攻击、吸引配偶等基本生命过程。例如,雌性琵琶鱼头顶上悬挂一个带有发光细菌的诱饵,用来吸引猎物,因为其猎物平时的食物上一般覆盖着生物发光的细菌。一些水母会发出红光模仿桡足类动物(鱼类的食物)的运动,吸引鱼类进入触须的捕猎范围内。

生活在海洋上层部分的一些鱼类和无脊椎动物的腹部带有发光器官,当天敌从下面仰望时,可以帮助它们融入周围光线,模糊自身踪迹。深海虾和乌贼逃跑时会喷射发光的墨汁,以迷惑捕食者。很多鱼类的雄性和雌性具有不同的生物发光模式,也许会在求偶交配仪式中发挥某种作用。

为我们带来闪闪发光的海滩的沟鞭藻,受到桡足类天敌的威胁时就会发光。为了解释这种行为,人们已提出几种假说。比如足够明亮的光线会使桡足类动物感到困惑,拖延一段时间,让沟鞭藻能够逃脱。另一种解释是,光线会把桡足类动物的天敌吸引过来。还有一些科学家认为,沟鞭藻的生物发光并没有实际目的,仅仅是早期在无氧环境中进化的残留产物。这种理论认为,新进化出的光合作用植物会产生氧气,使尚不习惯氧气的动物感到不适,它们进化出生物发光这种化学机制,也许是为了消耗自身难以适应的氧气。

撰文:

琳达·丹纳博士(Linda D'anna PhD)

加拿大温哥华岛大学,博士后

绘图:

阿派(Aprk)

www.apakstudio.com

问题**54**

为什么鲸鱼会在海滩上搁浅？

如果动物出现在不寻常的地方，会吸引很多人的关注。一只或一群鲸鱼在海滩上搁浅，会成为轰动的新闻事件，促使人们展开紧急救援。但人们几乎完全不了解，在搁浅之前究竟发生了什么事，促使鲸鱼出现这种不寻常的行为。研究人员已证明，气候变暖和洋流改变，会使食物的丰富程度和分布区域发生变化，更加靠近海岸，从而影响搁浅的概率。由于食物分布的变化决定了动物的迁徙模式，营养丰富的水域向陆地移动，可能导致鲸鱼更加接近陆地，增大搁浅的概率。然而，虽然有些物种会跟随猎物沿岸迁移，但并没有证据表明，鲸鱼在搁浅之前或当时正在进食。另一些研究人员指出，鲸鱼利用地球磁场来导航，他们发现搁浅的位置与地磁低点之间存在关联，说明鲸鱼接近岸边也许是因为误解了地磁信息。

会出现整群搁浅现象的鲸鱼，是一种社会化的远海物种。群体中搁浅的鲸鱼一旦达到临界数目，其余很可能也会随之而来。并非所有高度社会化的物种都会发生集体搁浅，但所有集体搁浅的现象都出现在社会化的物种身上。不过，即使解释了鲸鱼为什么会接近岸边，仍然无法解释它们为什么会搁浅。也许，鲸鱼用来导航的回声定位信号在浅水中会发生扭曲，导致它们退潮时被困住。有些物种在惊慌失措时会一直往前游，搁浅在前面的海滩上。鲸鱼搁浅也可能要归咎于中毒、传染病、捕食者、渔业作业，或者不寻常的环境事件，比如飓风。人类在水中和水面上活动产生的噪声，例如军用声呐[①]、地震研究活动、运输船只、游览船，都可能使鲸鱼受惊，或破坏鲸鱼的导航系统。然而，这些事件只是短暂发生，人们在搁浅开始后进行研究时，根本原因也许早已消失。另一方面，出现这些事件时搁浅也可能只是巧合。在目前提出的所有解释性理论中，最令人难以置信的一种是，鲸鱼在遇到压力时会到陆地上寻求安全。

撰文：

琳达·丹纳博士

加拿大温哥华岛大学，博士后

绘图：

珍·科雷斯（Jen Corace）

www.jencorace.com

---

① 声呐（sonar）即声音导航与测距，是利用水中声波对水下目标进行探测、定位和通信的电子设备。

问题**55**

迁徙性动物怎样找到回家的路？

　　没有地图，没有六分仪①，没有GPS全球定位系统，尤其是，也没有别人可以问路，在这种情况下穿越几百千米，有时甚至几千千米的路途，是一项艰巨的任务。然而，无数鸟类和其他动物，比如海龟，似乎毫不费力就能做到这一点。人们尝试过无数种实验，比如给鸟类戴上眼罩、脖子套上磁铁，希望能找到一种机制来解释动物的迁徙模式为何如此精确。人们发现了各种各样不同的机制，几乎与动物前往目的地所选择的迁徙路线一样种类繁多。

　　洋流从遥远的岛屿带来几乎难以察觉的沙土痕迹，有些海龟能够跟随这种痕迹，抵达远离孵化场所的觅食地。一些鸟类似乎依靠天上的星星或视觉线索来导航。另一些鸟类具有强大的磁场感觉，依靠地球磁场确定直达家乡的路线。至于鸟类是怎样利用地球磁场的，我们目前仍不了解确切机制，有些证据表明，鸟类眼睛的色素中含有微量磁性化合物。总之，各种动物的精确导航策略很可能不尽相同，不同物种会采用不同方法找到回家的路线。

撰文：

亚历山大·格申森博士

美国圣何塞州立大学，客座教授

EcoShift咨询公司，总监

绘图：

哈丽雅特·拉塞尔（Harriet Russell）

www.harrietrussell.co.uk

---

　　① 六分仪是船上测量太阳高度的航海计量仪器，用来为船只定位。

普拉达
基尔莫里

问题56

动物冬眠期间肌肉为什么不会萎缩？

"用进废退！"对于人类的肌肉来说，这句老话确实有道理。在某种程度上，肌肉只会暂时存在：通过负重锻炼、充分摄入蛋白质，可以使肌肉增长，如果之后放弃锻炼、营养不良，肌肉又会消失。事实上，很多人都亲身体验过肌肉的退化或"萎缩"，如果手臂或腿部骨折了，去掉石膏后会看到肢体干瘪萎缩。而令人费解的是，为什么人类对于肌肉的认识和经验，完全不适用于冬眠期间的动物。

在恶劣的冬季条件下，蝙蝠、松鼠、熊等冬眠动物会一直留在自己的巢穴里。它们在几周或几个月之内几乎不消耗热量，减少一切动作（甚至包括呼吸动作），以节约能量用于较温暖的时节。到了春天，这些动物就能恢复原本的矫健灵活，完全不会出现明显的肌肉萎缩。有时甚至比以前更加灵活、更加健康：虽然冬眠期间很少进食，长期处于睡眠之中，整体上体重下降，但动物的肌肉往往保持不变甚至有所增强。

这是为什么呢？我们还不能确定。有可能是因为动物冬眠期间长时间静止不动，体内会产生更多的再生蛋白质。另一种理论认为，冬眠动物的肌肉会定期颤动，或增强代谢活动，从而预防肌肉退化（就像暂时不开的汽车每周启动一次，防止电池耗尽）。不管怎样，人们会继续针对冬眠进行研究，因为这有助于推动退行性疾病①的治疗，防止人类在太空飞行中肌肉萎缩。

撰文：

玛格丽特·史密斯

文科硕士，图书情报学硕士

美国纽约大学，物理科学图书馆

绘图：

安德鲁·霍尔德（Andrew Holder）

www.andrewholder.net

---

① 退行性疾病是一种组织或器官的功能或结构逐步恶化的疾病，原因可能是人体老化或运动、饮食习惯。

问题 **57**

鲸鱼为什么会唱歌？

　　自罗杰·佩恩（Roger Payne）和斯科特·麦克维（Scott McVay）于 1967 年第一次发现鲸鱼会唱歌以来，那种诡异而悦耳的歌声已经令数百万人陶醉。虽然所有种类的鲸鱼都能发出声音，但只有其中一部分能称其为唱歌，比如长须鲸、蓝鲸、灰鲸、露脊鲸。而最令人惊叹的歌声来自座头鲸，据称它的歌声是动物王国中最长的，发声最复杂的。不同地区的座头鲸会唱出不同的歌曲，往往还会随着时间的推移缓慢变化。然而科学家们最近发现，如果让一两头陌生的鲸鱼（带着它们的歌）加入一个群体，整个群体很快就能学会新的歌曲。

　　人们仍然不太清楚鲸鱼为什么会唱歌，但科学家们已经提出几种假说。由于只有雄鲸会唱歌，而且一般是在繁殖地区附近听到鲸歌，由此很多科学家推论，鲸鱼唱歌是一种性展示[1]，用于吸引配偶或阻止其他雄性。另一些理论认为，鲸的歌声具有多种功能，包括问候、威胁、确定个体身份、回声定位（使用反射的声音找到物体）、远程通信（一些低频鲸的歌声可以被几千千米外的其他鲸鱼听到）。然而，人们很少能观察到某种行为与特定的声音有关，这些假说目前仍无定论，科学家还需继续努力解开这个长达数十年之久的谜题。

撰文：

戴维·卡普兰博士

美国佛罗里达大学生态水文学实验室，博士后，研究员

绘图：

丽萨·康登（Lisa Congdon）

www.lisacongdon.com

---

①　性展示是指主动地表现自己的性特征或性别特征。

问题 **58**

山雀怎样理解彼此的鸣叫？

  山雀，是我们在后院常见的一种鸟，它们的鸣叫声是最有趣的动物语言之一。山雀最简单的鸣叫声是一种警报——鸣叫的次数意味着掠食者的大小。老鹰或猫头鹰体形越大，山雀鸣叫的次数越少。甚至非同种的鸟类，比如红胸鸲，也会偷听山雀的鸣叫，做出恰当的反应——如果山雀的报警表示威胁不大，别的鸟儿会变得更加谨慎专注，如果是更危险的掠食者，就随时准备逃生。由于山雀和红胸鸲在同样的地区过冬，面对同样的掠食者，能学会"多种语言"。了解其他鸟类在说什么，是很有用的。但不同的鸟类是在幼时学会对方的语言吗？就像鸣禽从其他同类那里学习歌曲？它们能够倾听和回应多少种其他鸟类歌曲？不同的物种是否会偷听对方的交流？山雀想对其他鸟类说些什么，或者反之，其他鸟类对山雀说些什么，也许比我们想象的更加复杂。

撰文：

露西娅·雅各布斯博士（Lucia Jacobs PhD）

美国加利福尼亚大学伯克利分校，心理学系，副教授

绘图：

苏茜·加拉马尼（Susie Ghahremani）

www.boygirlparty.com

图 1-A：山雀

问题 **59**

鸽子行走时为什么会摆动头部？

很多鸟类在行走时会来回摆动头部，具有这种行为特征的鸟类中，鸽子也许是最广为人知的一种。虽然表面上看来，鸽子是前后摆动头部，但实际上，鸽子首先身体向前移动，头部仍然保持静止，而后身体保持静止，向前推动头部，从而令人产生一种摆动头部的错觉。鸽子的头部运动与脚部运动高度同步。

巴里·弗罗斯特博士在一项研究中，用录像记录了鸽子在跑步机上行走的情况，以研究其头部摆动状况。当跑步机的速度与鸽子行走的速度一致时，摆动就消失了。弗罗斯特博士推断，头部摆动主要与视觉处理和稳定有关，而非运动或平衡。

鸽子的眼睛位于头部两侧，这使它们具有广泛的视野。与其他动物相比，鸽子对于双目视觉的依赖程度较低，也没有能力移动眼睛。因此，头部摆动可能具有重要功能：静止的阶段使鸽子能够探测到周围环境中的运动，而摆动的阶段也许有助于实现深度知觉[①]。头部摆动与广泛的视野相结合，可以帮助鸽子警惕掠食者（比如老鹰），留心得到食物的机会（比如人类带来的面包屑）。

撰文：

迈克尔·马里亚·德尔加多（Mikel Maria Delgado）

猫咪思想公司（Feline Minds），猫咪行为顾问（认证）

美国加利福尼亚大学伯克利分校，心理学博士研究生

绘图：

亚历克斯·埃本·迈尔（Alex Eben Meyer）

www.eben.com

---

① 深度知觉又称距离知觉或立体知觉，是指对物体远近距离即深度的知觉，一般通过双目视觉实现。

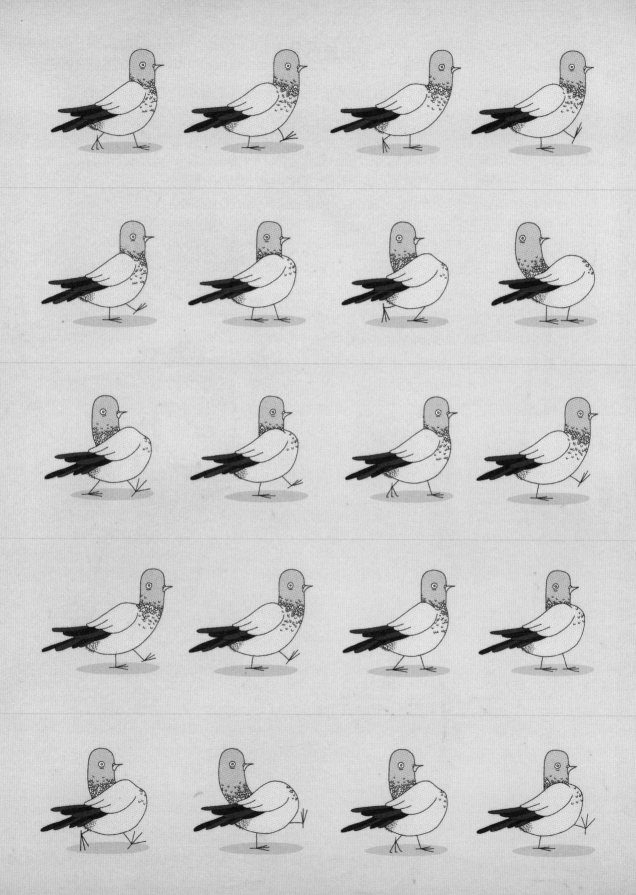

问题 **60**

松鼠能记住自己把坚果埋在哪里吗？

　　由于松鼠具有灵敏的嗅觉，人们长久以来一直认为，松鼠是通过嗅探轻松地找到自己埋藏的坚果。但圈养研究发现，松鼠对于自己的食物贮藏点，能够创建心理地图①，仅仅依靠这种记忆就能准确地找到埋藏物。不过，有些松鼠，比如东美松鼠和狐松鼠，每年秋季会贮藏超过 5000 个坚果。难道它们能够记住所有的地点？我们也不确定，但灰松鼠的大脑尺寸在贮藏食物的季节会增大，说明记忆可能有所增加。另一方面，近期研究表明，一只松鼠几乎没有可能找到另一只松鼠埋下的坚果，除非亲眼看到坚果埋在哪里。矛盾的是，如果人类在完全相同的深度（约 2.5厘米）埋下坚果，松鼠能够毫无困难地找到并偷走这个坚果。这表明，松鼠能够以某种我们尚不了解的方式，利用气味使自己的贮藏物不易被发现。因此，对于每只松鼠来说，确切记住自己埋藏坚果的位置是十分重要的。

撰文：

露西娅·雅各布斯博士
美国加利福尼亚大学伯克利分校，心理学系副教授

绘图：

阿龙·梅森（Aaron Meshon）
www.aaronmeshon.com

① 心理地图又称意境地图，是反映人脑对地理环境记忆能力和联想状况的地图。

问题 **61**

猫为什么会打呼噜？

猫的呼噜是一种触觉和听觉信号，用来与其他个体交流，包括人类和其他猫科动物。虽然猫打呼噜一般表示感到舒适愉悦，但有些猫也会在难受或疼痛时发出呼噜声。

其他动物也可能发出类似的声音，但实际上打呼噜对于猫科动物来说具有独特的意义，大多数种类的猫都会发出呼噜声。小猫刚生下来几天就开始打呼噜，在吸气和呼气时调节喉部肌肉，在人耳听来就是一种持续不断咕噜咕噜的响声。

关于猫的呼噜有好几种理论，每一种都解释了为什么打呼噜能够带来一定的竞争优势。近期研究表明，人类能够敏感地意识到各种呼噜声中"迫切性"的差异。猫也许能利用人类对于痛苦声音的敏感性，通过迫切的呼噜声增强或改变周围人类对它们的反应。打呼噜也可以帮助小猫建立或维持与母亲之间的亲密关系，母子双方在哺乳期间都会频繁出现打呼噜的行为。打呼噜甚至可能有助于恢复健康，人们发现，猫以特定频率打呼噜可以提高骨密度、加快痊愈。这可能是猫在受伤时，以及需要保留体力时，用来促进自身复原的方式。

撰文：

迈克尔·马里亚·德尔加多

猫咪思想公司（Feline Minds），猫咪行为顾问（认证）
美国加利福尼亚大学伯克利分校，心理学博士研究生

绘图：

杰玛·科雷尔（Gemma Correll）
www.gemmacorrell.com

咕噜咕噜

图 1

咕噜咕噜

图 2

咕噜咕噜

图 3

咕噜咕噜

KITTEE TREATZ

图 4

咕噜咕噜   咕噜咕噜   咕噜咕噜   咕噜咕噜

咕噜咕噜

图 5

咕噜咕噜

图 6

问题**62**

蜜蜂的舞蹈在说些什么？

    蜜蜂是为数不多可以使用象征性信号"谈论"过去的物种之一。我们最近才开始了解，蜜蜂的舞蹈作为一种无声的语言，是在表达什么含义。关于蜜蜂信号的理论大体如下：一只顺利找到食物的蜜蜂回到蜂房时，会用摇摆舞给出食物来源的方向和距离，蜂巢与食物之间的距离通过视觉流量①来表示。根据这只蜜蜂在蜂巢的垂直"舞池"中跳出的摇摆舞，同巢的伙伴们就能知道去哪里寻找新的花朵。不过，另一只蜜蜂返回后，也可以修订它在舞池中看到的内容。如果蜜蜂在新的花园里受到蜘蛛的攻击，回到蜂房后，会阻止其他蜜蜂前往那个目前已变得危险的地方。它会用头部撞击其他跳舞的蜜蜂，同时发出一种特殊的短促嗡嗡声，于是舞蹈就会停止。因此，蜜蜂不仅能告诉彼此该做些什么，也能传达不要做什么。蜜蜂甚至能通过摇摆舞对未来可能筑巢的地点进行"投票"。经过一个世纪的研究，我们对于蜜蜂在说些什么、想要表达什么含义，仍然没有多少新的了解。唯一可以确定的是，这种小小的动物所使用的语言，要比我们想象的更加细腻微妙。

撰文：

露西娅·雅各布斯博士

美国加利福尼亚大学伯克利分校，心理学系副教授

绘图：

凯特琳·基根（Caitlin Keegan）

www.caitlinkeegan.com

---

    ① 蜜蜂用于测定距离的视觉流量是指到达目的地所经过的距离，但并不是绝对距离，而是观察者位置移动的同时，被观察物显示出的移动量。

问题 63

人类与蚂蚁为何有这么多共同点？

　　科学家们研究人类和蚂蚁的行为时发现，虽然体型差距很大，但人类与蚂蚁之间的共同点，也许比其他任何物种都多。

　　蚂蚁像人类一样，明确划分每个个体的角色，以维持社会运作。蚂蚁的一个群体会对另一个群体发动战争，甚至奴役其他蚂蚁。蚂蚁也是人类之外唯一会应用农业策略的物种，比如"园丁"蚂蚁负责切下叶子；"挤奶工"蚂蚁负责让蚜虫产生像蜜糖一样甜的液体，相当于牛奶；最近还发现了"牧场工"蚂蚁，推测负责养育提供肉类的昆虫牧群。此外，人们认为，不仅蚂蚁群体具有温顺或侵略的不同特性（就像历史上很多人类社会一样），群体内的个体也具有独特的个性，这种观点的接受度越来越高。

　　为何人类与蚂蚁的行为有这么多相似之处？人类和蚂蚁都有一种基本特点——依靠社会交流才能传承发展。由于这两个群体具有高度社会依赖性，也允许个体的极端特例存在，所以都取得了令人难以置信的成功。无论蚂蚁还是人类，都不是最大、最强壮、速度最快的动物，但这两个物种中，集体协同合作取得的成果，远远超过单个个体能够取得的。

撰文：

萨拉·福克斯博士

美国赛普拉斯费尔班克斯独立学区，生物学与法医学教师

绘图：

杰克·赫德森（Jack Hudson）

www.jack-hudson.com

问题 **64**

寄生生物能在多大程度上改变宿主的社会习惯？

在某些情况下，寄生生物能够明显改变宿主的社会行为。可能影响群体互动，也可能影响某个个体。宿主个体受到影响，行为和社会习惯出现明显变化的一个典型例子，就是螃蟹被另一种甲壳类寄生者寄居，这种生物称为蟹奴属藤壶，与附着在船舶和鲸鱼上的藤壶属于同一大类。

在这种寄生者–宿主关系中，寄生者从根本上改变了宿主的行为，使宿主作为代孕者，保护并产出寄生者自身繁殖的后代。寄生者以雌性幼虫的形式（一般称为藤壶幼虫）进入螃蟹体内，在里面发育出无数分支，沿着螃蟹的神经系统和其他器官蔓延，遍布宿主体内。最终，寄生者来到螃蟹通常孕育卵的地方，软化了这里的组织，雌性寄生者在此处产卵，吸引同种的雄性来让卵受精。螃蟹为这些卵提供养分，照料并保护越来越大的卵囊，就好像这些卵是自己的。产卵的时机成熟时，螃蟹的行为完全就和在周围环境中产下自己的孩子一样。寄生者甚至能够让雄性螃蟹在行为上和生物形态上变得雌性化，就像抱卵的雌蟹一样培育寄居者的卵，然后以雌性的仪式化行为把寄生者的后代释放到环境中。

这个有趣的例子说明，关于寄生者如何影响宿主的行为，还有很多地方需要进一步了解。例如，性传播的寄生者是否会影响宿主的性行为？通过密切接触传播的寄生者是否会改变宿主的空间距离行为？宿主–寄生者之间的动态关系是未来研究中一个充满吸引力的领域。

撰文：

德怀特·D. 鲍曼（Dwight D. Bowman MS,PhD）

理科硕士、博士

美国康奈尔大学兽医学院教授

绘图：

特德·麦格拉思（Ted Mcgrath）

www.tedmcgrath.com

很怪诞，但这是真的！

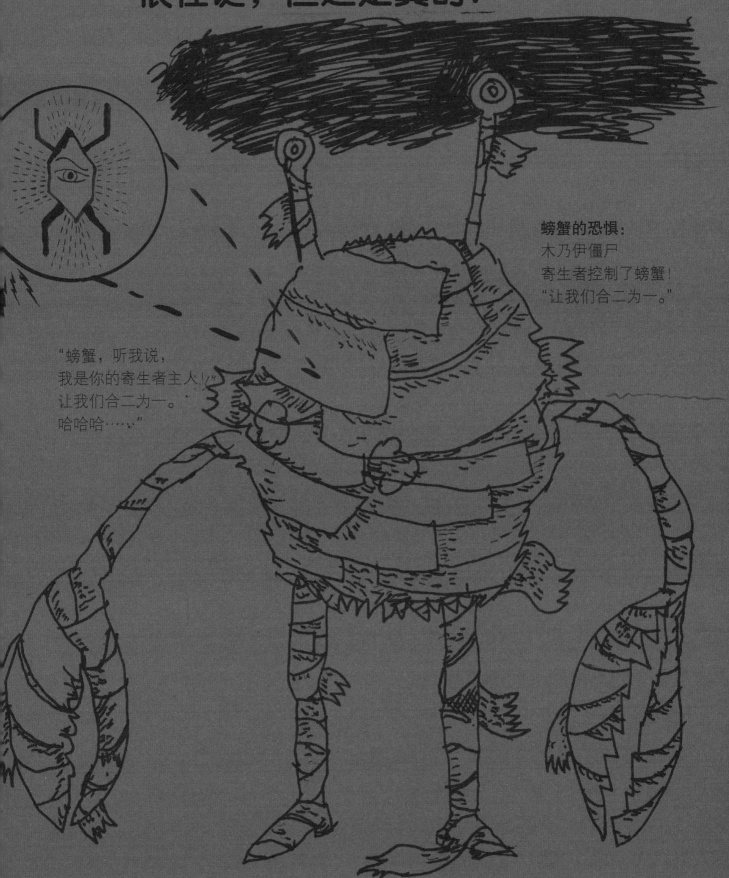

问题**65**

下一次大规模传染病来自何处？

时常会有新的传染病侵袭人类，在一定地区悄悄流行几周或几个月，然后暴发为全球性流行传染病。很难预测下一次大规模传染病将出现在何时何地，但前些年猪流感和非典的暴发可以为我们提供一些线索。

我们知道，大多数新出现的传染病，都源于动物病毒感染人类，并获得人与人之间传播的能力。艾滋病通过非洲丛林肉①交易感染人类；尼帕病毒来自果蝠，传染给猪之后再感染人类；非典最初在蝙蝠身上出现，通过市场上售卖的野生麝猫传染给人类……因此，几乎可以肯定，下一次大规模传染病也能追溯到动物源头。

我们也知道，人类最可能接触到这些动物源头的渠道是狩猎、农耕，以及市场上售卖的动物，改变土地用途和砍伐森林也会影响我们与动物之间的互相关系。因此，下一次大规模传染病很可能出现在一个人类与动物定期亲密接触的地区，据称东南亚也许就是下一个源头。

传染病的暴发是不可避免的，未来几年肯定会出现另一次大规模传染病。虽然我们不知道将在何时何地暴发，但我们可以加强对动物种群的监测，希望在新的疾病广泛传播之前就能发现。

撰文：

珍妮弗·加尔迪博士（Jennifer Gardy PhD）

加拿大不列颠哥伦比亚省疾病控制中心，分子流行病学学科带头人

绘图：

詹姆斯·厄尔默（James Ulmer）

www.jamesulmer.com

---

① 丛林肉是指生活在丛林中的大猩猩、黑猩猩、山猪等野生动物的肉，当地猎人猎杀这些动物并制成肉制品出售。

问题 **66**

人类的行为有多少是先天决定的？

　　人类的行为有多少是由基因先天决定的？也就是说，完全由基因控制，而非后天学会？先天还是后天，这是一个长久争论的问题。由于人类的行为非常复杂，其中不同方面可能在不同程度上受到基因和环境的影响，我们对于这个问题还没有找到答案。例如，一个婴儿爱她的母亲与一个成年人喜欢辣味食物，同样都是人类行为的例子，但受到基因控制的程度完全不同。

　　如果一种行为完全由基因控制，可称之为本能——迅速学会，但比较死板，缺乏灵活性。例如，蜘蛛会吃虫子，但从来不吃胡萝卜。如果没有虫子，蜘蛛就会饿死，无法通过积累经验改变这种状况。与之形成对比的是，人类会积极学习，从子宫到坟墓自始至终都在学习。而且，人类生活中有一段相当长的时期专门用于学习。也就是所谓"童年时代"，就平均寿命而言，这段时间占据了整个生命的 15％ 到 20％。没有哪一种非灵长类动物会留出这么长的时间专门用于学习。我们天生就是要学习的！各种有趣的人类行为中，没有哪一种完全由基因决定，虽然基因也会发挥重要的作用。不幸的是，人类行为的灵活性，也有其代价。我们认为人类应该对自己的行为负起责任，但在什么情况下他们应该对自己的所作所为负责，什么情况下不需负责？唉，这是一个道德问题，科学无法回答。

撰文：

弗拉迪米尔·斯劳特斯基博士（Vladimir Sloutsky PhD）

美国俄亥俄州立大学教授

绘图：

卡特尔·龙卡（Catell Ronca）

www.catellronca.co.uk

图 2

图 1

问题 **67**

大脑怎样产生思想？

我们可以在各种不同的层次上研究大脑，从原子到分子，从细胞到神经网络，从大脑各个区域到整个大脑。然而，即使我们在这些不同层次上对于大脑的工作机制有了更具体的了解，我们仍然不清楚，大脑中无生命的成分是怎样产生思想的。

为了解决这个问题，大多数神经科学家会首先着眼于细胞的层次，我们可以在这里找到大脑的生物学基本单位——神经元。你所产生的每一种思想、知觉、动作和感受，都是这些细胞的活动引起的。神经元的主要活动，就是与其他神经元沟通交流，发送化学信号穿越彼此之间的微观空间，一般称为突触[①]。一个神经元可能会与成千上万个其他细胞建立起突触连接，而且，由于成人大脑中存在多达 1000 亿个神经元，所有这些细胞之间可能存在的连接方式也许要比宇宙中原子之间的更多。

虽然人们已经充分了解单个神经元生成并发送信号的机制，但没有人知道，这些细胞机制怎样发展为复杂的人类行为和意识体验。这一空白就是神经科学中所谓的"层次问题"：怎样从细胞的层次进展到人类行为的层次？历史上，人们为了填补这一空白，使用越来越强大的工具深入研究大脑中的物质，希望能搞清楚其中哪些细胞真正对我们的思想和行为负责。但科学家们越是仔细研究，越是意识到并没有这样的细胞。相反，思想来自亿万神经元构成网络的集体活动。层次问题的答案，就蕴含在这一切活动的纷纷攘攘中，思想来自其中创造的模式。总之，整体超越了各部分之和。

撰文：

蒂姆·瑞科思（Tim Requarth）

美国哥伦比亚大学，神经科学博士研究生

米汉·克里斯特（Meehan Crist）

美国哥伦比亚大学，生物科学驻校作家

绘图：

雅各布·麦古奥·米克尔森（Jacob Magraw）

www.jacobmagraw.com

---

① 突触是指神经元与神经元之间相互接触并传递信息的部位。

问题 **68**

我们为何会落入视觉错觉的圈套？

视觉错觉代表着一种令人不安的真相，从某种意义上来说，所有的视觉都属于错觉。例如，就像我们看到的世界似乎是全彩色的，但我们的周边视觉①解析度低得惊人，如果让一位朋友站在你面前，手里拿着一把彩色荧光笔伸向旁边，而你盯着他的鼻子看，你可能会产生一种远处有彩虹的模糊感觉，但也会惊讶地发现，自己无法看出或排列出任何颜色。

视觉错觉来自于视觉刺激，这些视觉刺激考验我们的视觉系统能够处理的极限。之所以会产生视觉错觉，一般是因为大脑试图假想出有意义的场景来解释视觉刺激。因此，这类错觉为视觉方面的神经生物学带来重要线索，提供了解神经结构及其限制的独特窗口。视觉错觉的一个显著例子是：纸上画着一个圆点，把这张纸从眼前慢慢向侧面移开，圆点会从视野中消失，这揭示了一个事实，我们的视觉世界中很大一片区域是缺失的——人类的解剖学构造导致我们视觉中存在相当大的盲点。然而，完全没有人注意到这一盲点的存在，直到 17 世纪才偶然发现，因为大脑会轻易填补缺失的信息，不断为现实制造补丁。

事实上，所有的视觉刺激都是一把双刃剑：远处一辆真正的卡车，与近处一个很小的货车模型，在视网膜上会形成尺寸和形状完全相同的投影。那么，我们怎样才能知道自己看到的究竟是什么？有一类错觉称为"多稳态刺激"，告诉我们，大脑面对模糊不清的状况会积极应对，努力诠释视觉刺激而不仅仅满足于感知到的内容。多稳态刺激的例子，比如一个著名的简单图形，可以视为一个花瓶，也可以视为面对面的两张脸。画面毫无变化，但两种图像在大脑中来回翻转。令人惊讶的是，我们从来不会同时观察到两种感知图像，这表明视觉是一个主动的过程，大脑正在努力理解传入的信号有何意义。

许多视觉错觉仍属于未解之谜，我们也不知道自己为何会上当受骗。研究人员正试着了解为什么会产生这些效果。矛盾的是，我们感知能力的限制，也许就是理解人类如何感知世界的关键。

撰文：

蒂姆·瑞科思

美国哥伦比亚大学，神经科学博士研究生

米汉·克里斯特

美国哥伦比亚大学，生物科学驻校作家

绘图：

珍妮弗·丹尼尔（Jennifer Daniel）

www.httpcolonforwardslashforwardslashwwwdotjenniferdanieldotcom.com

---

① 周边视觉与中央视觉相对应，指视野中的外围区域，也即用眼角余光观察到的事物。

视觉错觉

珍妮弗·丹尼尔 绘

奇妙的颠倒头像！
翻转到另一边看看另一张脸。

奇妙的颠倒头像！
翻转到另一边看看另一张脸。

哪条线更长？
仔细看。

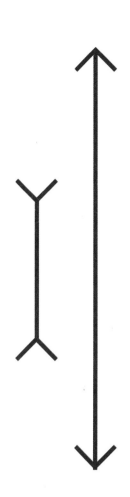

这里有几根手指？
你确定吗？

这两头牛是一样大小的。
真的。

你看到了什么？
你看到的是两个侧
脸还是一个花瓶？

问题 **69**

人类的大脑有多灵活？

直到最近都有人认为，一旦人类的大脑在儿童时期完成发育后，其构造就是固定的。随着你年龄逐渐增长（走过人生的道路），细胞开始死亡，彼此之间的连接越来越弱，最终整个大脑区域开始衰退，基本没有恢复与维修的希望。但后来科学家们发现，大脑比我们以前认为的更加灵活。神经科学家把大脑这种非凡的特点称为"可塑性"。

可塑性并不是什么新颖的概念。早在19世纪后期，西格蒙德·弗洛伊德（Sigmund Freud）和威廉·詹姆斯（William James）就已提出一种理论，认为大脑的生理变化是学习和记忆的基础。但直到20世纪六七十年代，研究人员才开始探索大脑具有多么非凡的可塑性。神经学家保罗·巴赫伊丽塔（Paul Bach-y-Rita）是最早对可塑性展开研究的人员之一，他设计了一个巧妙的装置，帮助盲人"看"到世界。作为受试者的盲人坐在牙医那种椅子上，椅背覆盖了一层电极网，可以刺激受试者背部；电极网连接到一个摄像机，捕获的图像诱发受试者背部电极以不同的模式活动（如同像素刺激眼睛一

样）。值得注意的是，受试者经过一定的训练，就能识别实验室中的物体和人——他们能知道一位研究员有没有戴眼镜或者把头发盘起来，甚至能辨认出当代著名时尚模特崔姬（Twiggy）的照片。他们体会来自面前外部空间的刺激，仿佛是通过视觉而非触觉。从某种意义上来说，这些受试者学会了用自己的皮肤来"看"。这类实验令科学家们相信，大脑并不像我们曾经认为的那样，完全是天生的。

可塑性是指各种各样改变大脑的方式，从细胞层次到大脑皮质上沟壑起伏的功能地图。20世纪90年代后期，研究人员证明，成年人大脑中会出现新的神经元，这对人们长期以来关于学习、记忆、衰老、整个自我认识的假设都提出了挑战。我们能够在多大程度上改变大脑的能力？怎样利用这种力量帮助大脑在生病或受伤后痊愈？更深入地理解可塑性，是否有助于提升正常大脑的功能？可塑性科学仍处于起步阶段，但其深远影响已经彻底改变了我们对于大脑的看法。

撰文：

蒂姆·瑞科思
美国哥伦比亚大学，神经科学博士研究生
米汉·克里斯特
美国哥伦比亚大学，生物科学驻校作家

绘图：

马特·莱内斯（Matt Leines）
mattleinesart.tumblr.com

问题 **70**

为什么人类与黑猩猩的DNA高度一致，两者却完全不同？

任何生物的基因组所包含的基因，可以控制生物中的任何细胞制造的蛋白质。但基因组并非仅仅由基因构成。每个基因旁边有一个非蛋白质编码DNA的区域，调控基因表达[①]。基因编码蛋白质的产量，就像收音机的音量一样，可以提高或降低。调控区就是这个基因的音量旋钮。在多细胞生物中，每个细胞都包含完整的基因组，但任一特定细胞只会使用自身制造的一小部分蛋白质。肝细胞中必需的一些蛋白质，在神经元细胞中就没有必要存在，事实上，也许对于神经元甚至是有害的。为了避免这种情况，每个细胞会控制相应基因的音量旋钮，确定自身要补充哪些蛋白质。

人类与黑猩猩的基因组有95%是一致的，并且二者基因组中的蛋白质编码基因有99%以上是一致的。换言之，几乎可以说人类与黑猩猩具有同样的基因。二者基因组的不同之处主要在于调控区。因此，人类与黑猩猩之间的区别主要来源于胚胎发育过程中，在何时、何处表现出多少种不同的基因。我们对于人类胚胎发育过程中基因表达的模式所知甚少，完全不了解是哪些基因导致了人类与黑猩猩之间的区别。我们也不清楚这些区别出现在发育过程中的什么时候，或者出现在胚胎的哪些细胞中。要从本质上理解人类与黑猩猩为什么完全不同，需要首先了解基因组是怎样控制胚胎发育的。

撰文：

罗曼·斯劳特斯基（Roman Sloutsky）

美国圣路易斯华盛顿大学，生物学与生物医学部博士研究生

绘图：

马特·福赛思（Matt Forsythe）

www.comingupforair.net

---

① 基因表达是指细胞在生命过程中，把储存在DNA顺序中的遗传信息经过转录和翻译，转变成具有生物活性的蛋白质分子。

休息

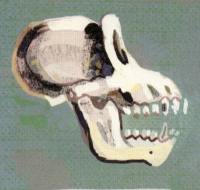

差不多……

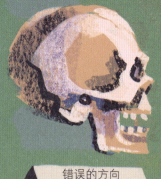

错误的方向

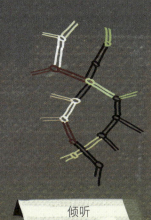

倾听

有害

不确定

肝脏产物

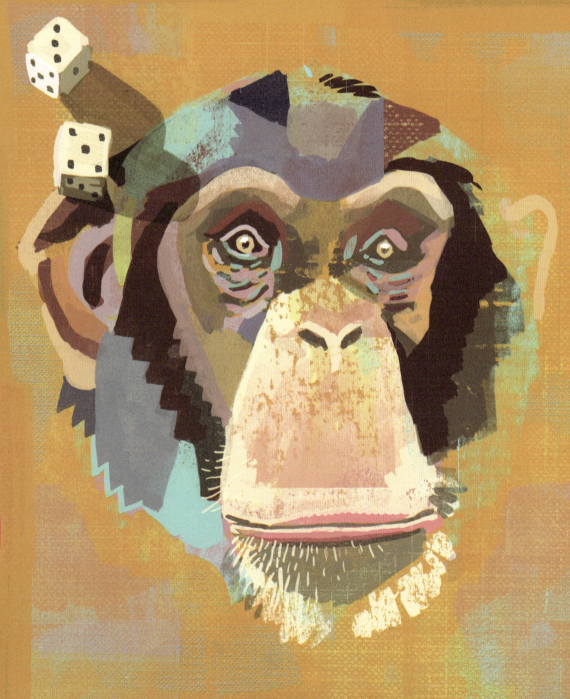

为什么人类会有这么多基因"垃圾"？

脱氧核糖核酸（DNA）有着优美的分子结构，仿佛一架长长的旋转楼梯，梯级由四种简单的基本组成单位构成，称为碱基。这些碱基串联在一起的顺序，类似于单词中字母的顺序（或句子中单词的顺序），携带着一定信息。DNA携带的信息是生物发育和实现各项功能的蓝图。例如，用于DNA编码制造蛋白质，不仅构成了人体中每个细胞的结构组成部分，也构成了催化生命必不可少的化学反应的酶。

虽然DNA蓝图最广为人知的作用就是蛋白质编码，但我们的基因组中，只有一小部分为这方面服务。其余的非蛋白质编码DNA——所占比例大约高达98%——往往会被赋予"垃圾DNA"这种难听的绰号。对于某些类型的非编码DNA，比如基因在数千年的演变中产生的重复基因，这个绰号也许有一定道理。例如，有一项实验删除了小鼠基因组中0.1%的部分，没有发现任何可察觉的影响，说明删除的DNA并不具备生物学功能。

但我们逐渐发现，很多非编码DNA对于人类的生存其实非常重要。已发现的一系列证据强烈支持这一结论。不久前，人们在研究中比较了不同物种的基因组，寻找DNA中随着时间的流逝保持不变的区域，DNA链条倾向于稳步、随机地积累突变，科学家们认为，如果DNA中某些片段经历了数百万年的突变仍然保留下来，这些片段必然执行某种关键功能。也就意味着，如果这些片段发生突变，生物不会允许它们生存并复制传递下去。我们也许给某些DNA片段贴上了"垃圾"的标签，但实际并非如此：如果这些非编码区域真的是垃圾，它们应该能够自由突变，而不会影响生物的生存。研究表明，不同物种共有的大部分DNA都是非编码DNA。例如，老鼠与人类的共同祖先已经是几千万年前的事情（二者基因组都已积累大量突变），这两个物种共有的DNA，80%都不能编码蛋白质。

那么，这些非蛋白质编码的区域，所谓的"垃圾"究竟能做些什么？非编码DNA的最常见类型——转座因子，目前对于研究人员来说仍然是个谜。我们发现，这些令人迷惑的DNA片段，可以从基因组中的一个位置跳到另一个位置，结果可能是有益的（遗传多样性），也可能是有害的（导致遗传缺陷）。控制转座因子，可以调整在何时、何处、有多少DNA被转录并翻译成蛋白质。但还有更多的问题尚未得到解答。我们刚刚开始认识到，这类DNA对于基因组的功能和进化能够做出多大的贡献。

这些非编码DNA是垃圾？恐怕也不能这样说。

撰文：

凯瑟琳·菲尔波特（Katherine Philpott MS,JD）

理科硕士、法学士

独立法律顾问

绘图：

马特·拉莫特

www.also-online.com

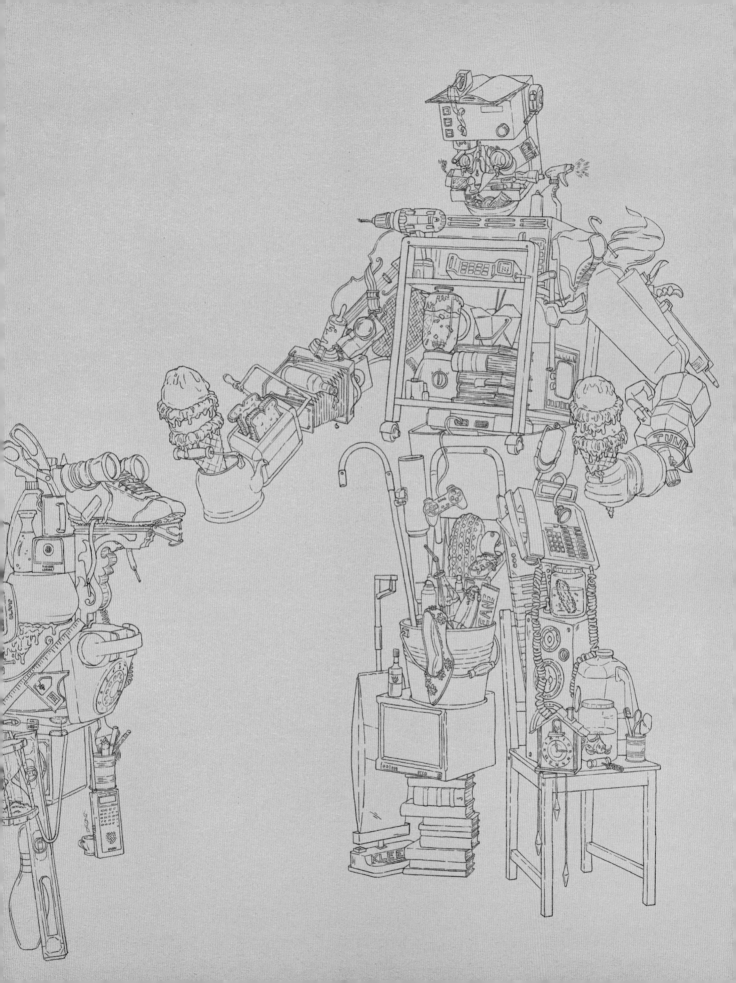

问题 **72**

成熟的细胞怎样才能"重生"？

人体是由无数细胞构成的，每一个细胞可分为数百种不同的类型。这些细胞最初都来自同一个受精卵细胞，随后不断增殖，限制细胞发育方向，直至成为一个成熟细胞，并停止增殖。成体干细胞属于例外，始终保持在部分成熟的状态，并保留增殖能力，以取代死去的细胞。虽然有些成体干细胞可发育成多种不同类型的细胞，但每个成体干细胞的发育方向一般限于一种或几种细胞类型，通常是干细胞所在组织中存在的细胞类型。这一点不同于胚胎干细胞，胚胎干细胞可以发育为成熟有机体中的所有细胞类型。

最近已研究出制造成熟细胞（比如胚胎干细胞）的技术。这些"重新编程"的细胞可以在人体任何细胞内增殖和成熟。某些疾病，以及衰老的多种负面影响，会损害细胞增殖和自我更新的能力。所以，这些重新编程的细胞也许可以用于更新老化的器官和组织，甚至用于制造实验室人造移植器官。由于细胞来自接受移植者自己的身体，不会出现组织或器官排斥的问题。

不幸的是，目前大多数为细胞重新编程的方法，都是把人类基因的额外副本插入细胞中。这个过程会产生细胞癌变的重大风险。在不久的将来，我们也许能找到更有效、更安全的方法。

撰文：

基思·韦塞尔博士（Keith Weiser PhD）

美国夏威夷大学，博士后，研究员

绘图：

本·K. 沃斯（Ben K. Voss）

www.benkvoss.com

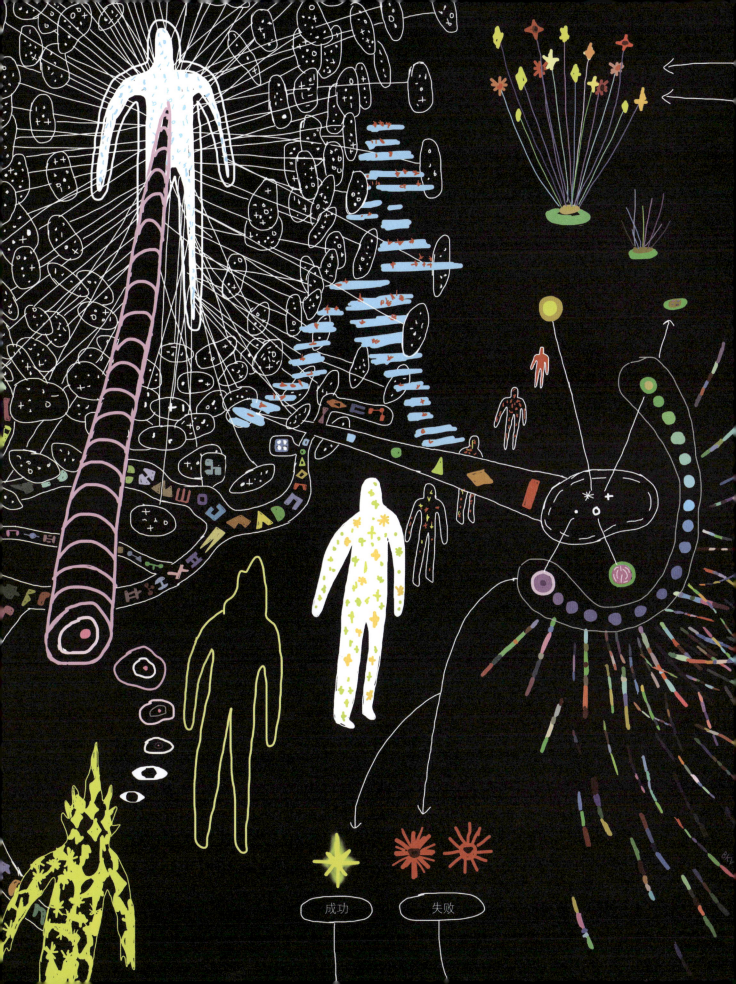

成功　　　　失败

问题73

细胞怎样彼此交流？

细胞之间的对话靠的是感受，而非倾听。信息通过"细胞信号传导通路"从一个细胞流向另一个细胞，这个通路需要有信号、受体、应答者。信号在一个细胞与另一个之间传递时，由位于细胞膜表面的受体接收。触发应答者分泌新的信号物质，改变细胞的形状或运动，甚至导致细胞死亡。细胞经常会杀死周围不友善的或发出过多信号的邻居，因为它们会引起癌症等疾病。

令人惊讶的是，在动物体内，只有17种主要的细胞信号通路。同样的通路经过各种各样不同的方式排列组合，使胚胎发育成不同的物种、不同的体形。而且，在植物、真菌，甚至单细胞生物体内，大多数细胞信号通路的工作方式也都是类似的。怎样通过这些相同的方式实现各种各样不同的目的，目前仍然是个谜。

三种存在争议的特性，也许有助于解决这个矛盾的问题。首先，同样的信号通路往往会根据信号的强度（就好像父母对孩子说不，不行，绝对不行），激发出完全不同的反应。其次，应答者也许能够读取两种或多种共刺激受体发出的组合代码。最后，信号通路之间的串扰也会对反应进行微调。例如，有些信号会使来自其他途径的信号减弱——仿佛把它们的话语吞了进去。

撰文：

贾斯廷·卡西迪（Justin Cassidy）

美国西北大学、芝加哥大学博士研究生

绘图：

克里斯·耿（Chris Kyung）

www.infinitearticle.com

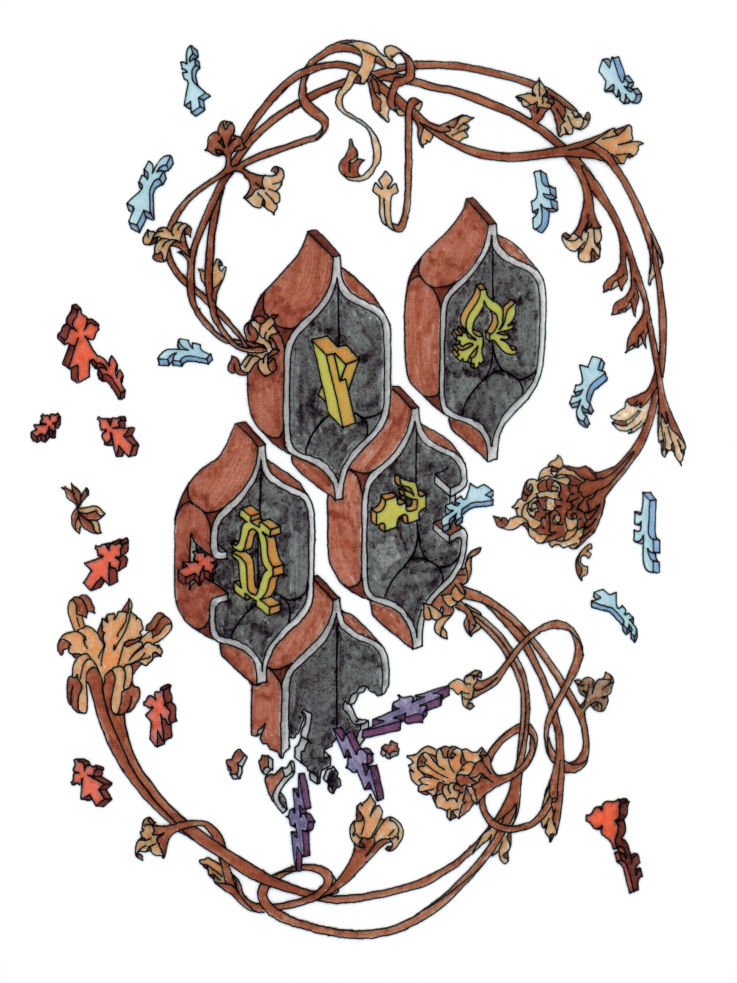

问题 **74**

为什么癌症从生物学角度看概率很小，实际却相当常见？

其实，完全成熟的明显肿瘤出现的可能性很小。要遇到一系列的坏运气，把很多罕见的情况汇集到一起，才会导致肿瘤形成、生长，克服一路面对的各种障碍。其中第一项障碍就是遗传稳定性卫士：一组基因对新细胞中刚刚复制的DNA进行校对，如果发现遗传密码出现错误，卫士会命令突变的细胞自杀，或者说"凋亡"。在任何时候，我们每个人体内都存在多种突变细胞。但这些突变细胞并不会导致癌症，除非发生特定突变，使细胞能够逃脱"基因组卫士"的监视。然后，这个细胞继续发育下去，成为整个肿瘤的祖先。

这个突变细胞的后代与祖先类似，同样可以逃脱基因组卫士的雷达，避免被判处自杀。然后继续积累越来越多的突变，这就是所谓的多重阶段致癌模式。有些突变对于肿瘤来说是致命的，使肿瘤在早期阶段死去，我们永远不会意识到它的存在。另一些突变对肿瘤有利：帮助它生存下去，躲避新的危险。肿瘤面临的最大的危险，就是人体免疫系统，这是一个非常有效的监控系统。如果没有这个系统，我们所有人面

对的癌症都会增加许多倍。但如果人体免疫系统由于衰老或艾滋病等疾病被削弱，可能会放过一些刚出现的突变细胞。肿瘤细胞一旦逃过免疫系统，必然会变得更有创造力。它们必须产生新的突变，使自身能够生存在对于正常细胞来说致命的环境中：几乎没有氧气或营养物质，成长空间受到限制。一些突变可以帮助癌细胞绕开这些障碍，刺激新的血管生长出来，为它们带来富含氧气的血液。还有另外一些技巧，比如侵入周边组织或血管：血管将成为高速公路，把癌细胞带到它们想去的任何地方。但并非所有的癌细胞都能够生存下去。有些肿瘤细胞产生的后代（"亚克隆[①]细胞"），没有力量渡过难关，尚未复制就已死去。总之，那些最顽强、最狡猾的亚克隆细胞使肿瘤逐渐增长——称为肿瘤进展。

鉴于这些障碍的存在，肿瘤的形成是个相当不可思议的过程。考虑到癌细胞是最狡猾、最聪明、最顽强的突变细胞，可以想象，癌症非常难以治愈。

撰文：

奥尔加·约费医学博士（Olga Ioffe MD）
美国马里兰大学医学院教授

绘图：

大卫·希特利（David Heatley）
www.davidheatley.com

---

① 亚克隆是指从原有的细胞克隆中，再筛选出具有某种特性的细胞进行培养。

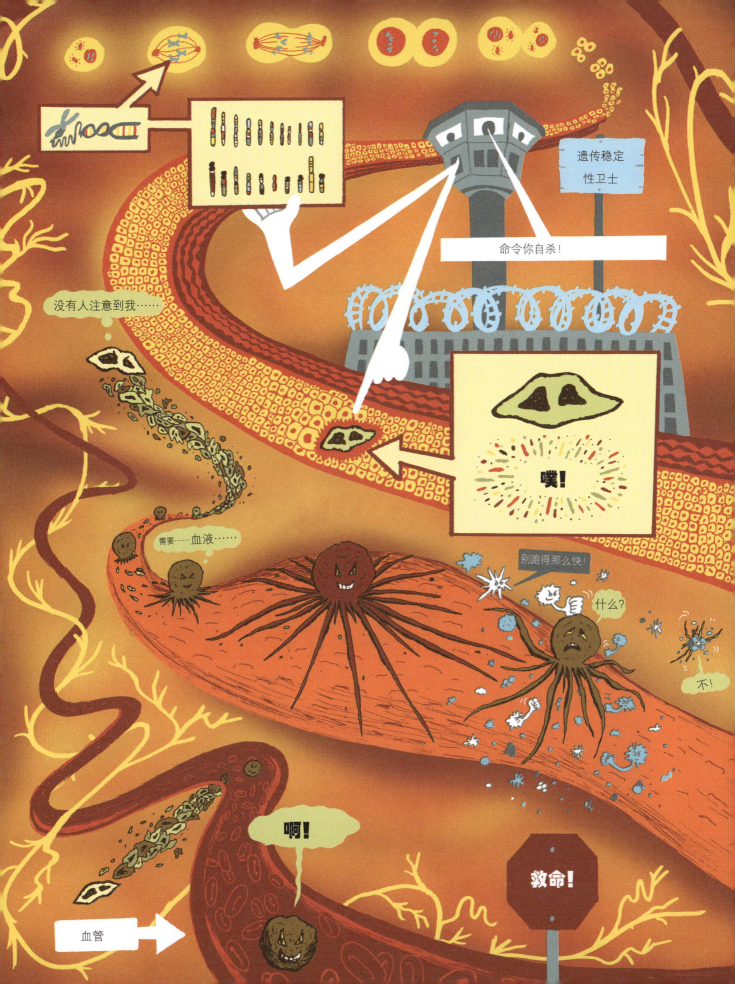

问题75

纳米材料会带来危险吗？

纳米粒子是指粒子在一个或多个维度上的尺寸介于 1 纳米到 100 纳米之间（比人的头发还要细 10 万倍）。几个世纪以来，意大利穆拉诺岛的工匠们制作红色玻璃时，鲜艳的颜色要归功于加入高反应活性的纳米金粒子。近年来，人们把纳米银（具有抗菌性能）加入常见的家居用品中，如空气净化器、袜子、洗衣机、食品储藏箱、电脑鼠标等等。纳米级分子在低热量食品添加剂、有害气体传感器、强度和耐久性更好的纸张、生物医学设备、细胞特异性给药方面，也存在很大潜力。

但纳米材料相关风险的类型和程度，目前尚存在争议。例如，虽然没有证据表明，注入纳米金的穆拉诺玻璃和碳纳米管（在降低电子设备的成本和尺寸方面颇具潜力）对人类或环境存在危害，但它们在物理结构上类似于石棉，人们正在研究使用这些材料的工人是否需要采取额外的安全措施。广泛应用的产品中如果包含纳米粒子，是否会导致纳米粒子在环境中或人体中累积起来？如果答案是肯定的，这种累积会带来有益还是有害的结果？纳米银抗菌剂的普遍使用，是否会导致细菌产生耐药性？

对于如何评估纳米材料的安全性，也存在疑问。很多相关风险测试，是在受控、隔离的实验室中使用生物材料进行实验。虽然有些科学家认为，这样的测试足以预测纳米物质对动物和人类的影响，但另一些科学家对此提出了质疑。国际标准化组织等机构认为，对于每一种包含纳米粒子的产品，应该具体问题具体分析，分别建立专门的安全流程，另一些机构则主张制定严格的统一规定。

撰文：

基尤米·D. 迪尔德斯（Kiyomi D. Deards MS,LIS）

理科硕士，图书情报学硕士

美国内布拉斯加大学林肯分校助理教授

绘图：

内尔·法伯（Neil Farber）、迈克尔·迪蒙泰（Michael Dumontier）

personalmessageblog.blogspot.com

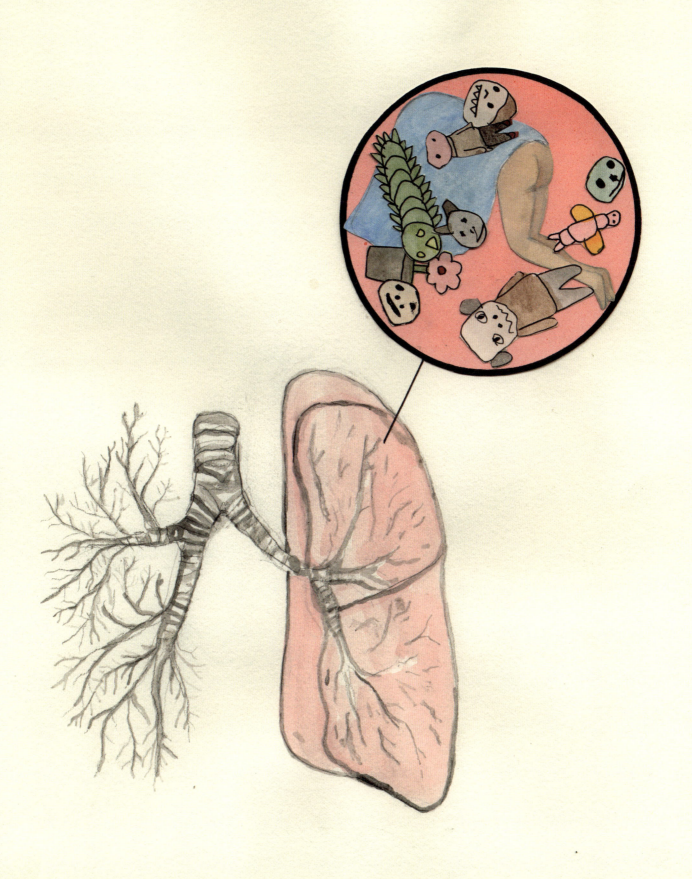

致　谢

本书是众多人士密切合作的成果，要感谢很多人帮助我们把这本书整合到一起。

感谢我们的编辑布里奇特·沃森·佩恩（Bridget Watson Payne）和艺术总监布鲁克·约翰逊（Brooke Johnson），在我们制作本书的过程中提供有益的反馈和热情的鼓励，这给了我们很大帮助。

感谢不辞辛劳的克罗尼克勒团队（Chronicle team）中耐心、细致的文字编辑和其他人员，共同完成这部连贯流畅而妙趣横生的著作。

感谢玛丽特·史密斯，我们的官方科学协调员，她召集了很多科学家，帮忙审核事实，发送大量跟踪进度的电子邮件（她本人也撰写了三篇文章）。

感谢杰西卡·罗恩曼，作者朱莉娅的姐姐，远在乌干达与大猩猩为伴的同时，帮助我们找到了撰写所有人类学相关题目的科学家。

感谢维多利亚·基纳，我们另一位主要的科学家召集者，虽然她住在夏威夷，很可能正在晒日光浴，还是为本书撰写了三篇文章。

感谢蒂姆·瑞科思与米汉·克里斯特，在最后一刻参与进来，撰写了最后三篇关于人类思想奥秘的文章。

以下科学家慷慨贡献出自己的时间，为本书撰写三篇文章：亚历山大·格申森（在幼儿园里就保护了珍妮，目前通过帮助企业减少碳足迹①来拯救世界）、露西娅·雅各布斯（对于一些小型生物的心理学具有深刻见解）、布雷特·马罗金（勇于探讨有关梦、抑郁症和同性恋的话题，并在耶鲁大学获得博士学位）、布莱恩·颜尼（撰写关于黑洞、宇宙大爆炸、恒星起源的文章，在费米国立加速器实验室研究粒子碰撞）。

感谢以下人员为我们介绍朋友、熟人和家庭成员，构成最终参与本书的人员：贝基·奥尔德里奇（Becky Aldrich）、安娜·贝纳罗亚、汉娜·伯曼（Hannah Berman）、贾森·卡西迪（Jason Cassidy）、贝丝·卡拉尔（Bess Callard）、保罗·西特林（Paul Citrin）、阿比盖尔·科恩、丽莎·康登（Lisa Congdon）、西沃恩·杜利（Siobhan Dooley）、玛丽亚·迪穆（Maria Dimou）、尤金妮亚·埃特金纳（Eugenia Etkina）、本·芬纳、劳伦·纳西夫（Lauren Nassef）、布伦丹·皮克尔（Brendan Picker）、布莱尔·理查德森（Blair Richardson）、玛丽莲·施魏策尔（Marylin Schweitzer）、米哈伊尔·谢苗诺夫（Mikhail Semenov）、卡佳·谢苗诺夫娃（Katya Semyonova）、吉尔·沃格尔（Jill Vogel）、维基·沃尔沃斯基（Vicky Volvovski）、希拉里·威德曼（Hillary Wiedemann）、戴夫·扎茨基、雅伊梅·佐拉斯（Jaime Zollars）。

感谢我们的家人一起集思广益，讨论向科学家们提出的构想和问题，同时还为我们提供晚餐。尤其要感谢珍妮的妈妈，是她建议把本书的重点放在尚未解决/未经证实的科学奥秘上。

感谢谷歌搜索。

当然，也要感谢所有参与了这本书而上述未曾提到的其他科学家和艺术家。

---

① 碳足迹是指企业、产品或个人通过生产消费等各类活动过程，引起的温室气体排放的集合，反映了人类的能源意识和行为对自然界产生的影响。